W0063913

III

Du musst das Leben
nicht verstehen

IV

Man kann nie zuviel Himmel haben

V

Mit der Seele baumeln

Rainer Maria Rilke

Augenblick

Ich liebe diese Stunde, die anders ist, kommt und geht. Nein, nicht die Stunde, diesen Augenblick liebe ich, der so still ist. Diesen Anfangsaugenblick, diese Initiale der Stille, diesen ersten Stern, diesen Anfang. Dieses Etwas in mir, das aufsteht, wie junge Mädchen aufstehn in ihrer weißen Mansarde. In der weißen Mansarde, in der sie wohnen, seit sie erwachsen sind. (O das kam eines Tages, und da verwandelte sich das ganze Haus.) Nun aber ist die weiße Mansarde das Leben, und wenn man am Morgen an das immer offene Fenster tritt, so sieht man die Welt. Große Bäume sieht man, die immer noch wachsen, Vögel sieht man und große Zweige schwanken von ihrem Abflug, und es ist, als wäre der Wind in einem Tier und in den Stämmen die Stille.

Ich liebe diesen Wind, diesen weiten verwandelnden Wind, der dem Frühling vorangeht, ich liebe das Geräusch dieses Windes und seine ferne Gebärde, die mitten durch alle Dinge geht als wären sie nicht.

Diese Nacht liebe ich. Nein, nicht diese Nacht, diesen Nachtanfang, diese eine lange Anfangszeile der Nacht, die ich nicht lesen werde, weil sie kein Buch für Anfänger ist. Diesen Augenblick liebe ich, der nun vorüber ist und von dem ich, da er verging, fühlte, dass er erst sein wird.

Hansjörg Schertenleib

Palast der Stille

Er bückt sich, sein Bündel aufzuheben. Der Pfad, auf dem er geht, führt durch einen Birkenstand zum Fluss hinab. Flache Holzboote treiben auf dem Wasser, sieben, neun Boote, in denen Frauen mit ihren Hunden sitzen. Den Zweig, den er in den Fluss tauchen wird, hat er aus einem Busch am Dorfrand gebrochen; er liegt ihm in der Hand wie ein Pfeil, den er auf die Reise schicken könnte. Der Pfad ist steil, die Erde aufgeweicht vom Regen, der im Morgengrauen mit vorsichtigem Rauschen niederging. Die Steine, die am Ufer des Flusses liegen, funkeln in der Sonne. Er geht in die Knie, legt sein Bündel nieder und taucht beide Hände ins Wasser, den Kopf im Nacken, nicht länger jung, aber noch nicht wirklich alt, und am Leben, da erwache ich.

Er erwacht.
Ich erwache.

Der Fluss fließt träge und langsam mitten durchs Schlafzimmer, das mir auch im dritten Winter hier in Maine manchmal fremd ist. Wie klein es ist, wie behaglich. Haben die Hunde der Frauen in den Booten angeschlagen, weil sie mich am Ufer des Flusses bemerkten? Katze Smilla liegt neben mir und schläft. Ich besitze seit über dreißig Jahren keine Armbanduhr; als ich nach dem Wecker mit den lindgrün phosphoreszierenden Ziffern auf dem Nachttischchen greifen will, verstehe ich, weshalb ich erwacht bin: Es ist still, beruhigend still. Der Wind hat sich endlich gelegt. 4 Uhr 23. Ist der Blizzard vorüber? Der Schneesturm hat dreiundzwanzig Stunden angedauert. Angekündigt hatte sich der Wetterumschwung durch ein Seufzen des Windes, das zum Stöhnen und Sausen wurde und sich schließlich zum Brandungsdonnern steigerte. Fichten, Kiefern und Tannen nickten, Birken wankten; Stämme krachten im strengen Frost wie Gewehrschüsse. Die Temperatur war innert Minuten von -6 auf -14 gefallen. Nun ist der Blizzard also vorbei. Es ist still.

Im Schutz der Nacht klingt das Meer näher, gewaltiger. Dunkelheit ordnet die Welt neu, macht die Stille umfassender. In manchen Winternächten ist es in Maine so still, als wäre alles vorbei, alles ausgestanden. Es gibt die Natur, aber nicht den Menschen, so groß ist die Stille, in der sich Hirsche, Schneehasen, Rehe und andere scheue Tiere zeigen, die uns meiden. Diese Stille anzunehmen,

in der man Dinge denkt, die einem sonst nicht ein-
fallen wollen und in der jeder Laut an Bedeutung
gewinnt, ist eine Herausforderung: Das Bellen
eines Hundes wird zum Hilferuf, das Rauschen
des Atlantiks zur Begrüßungsmelodie, der Schrei
eines Vogels zur Warnung. In den ersten Monaten
auf der Insel verdrehte die Dunkelheit die Rich-
tung der Geräusche, ich verlor die Orientierung.
Töne trieben losgelöst von ihrer Quelle durch
die Nacht und narrten mich, den Neuankömm-
ling. An diese Verdrehung der Ordnung habe ich
mich gewöhnt, sie täuscht mich nicht länger; ich
verstehe, wie ein Geräusch übers Wasser ans Ufer
getragen wird, wie die tiefe Kammer des Waldes
es schluckt und abtötet und wie die Felswände des
aufgelassenen Steinbruchs es als Arena mit ausge-
klügelter Akustik hin- und herwerfen und nach
einer Weile als Echo zurückgeben.

Lärm ist toxisch für uns Menschen, wir können
ihn nicht ignorieren, unser Körper ist beschaf-
fen, darauf zu reagieren: Schallwellen versetzen
die drei winzigen Gehörknöchelchen in unserem
Mittelohr mit den sprechenden Namen Hammer,
Amboss und Steigbügel in Schwingungen, die als
elektrische Impulse ins Hörzentrum unseres Ge-
hirns schießen. Diese Attacke wehrt unser Kör-
per ab, auch im Schlaf, indem er Stresshormone
ausschüttet, was den Blutdruck nach oben treibt

und das Risiko von Herz- und Gefäßerkrankung-
en erhöht. Wie Neurologen mithilfe des Kernspin-
tomographen herausfanden, kommt die Aktivität
der Großhirnrinde, in der sich das Hörzentrum
befindet, in Stillephasen nahezu zum Erliegen,
wohingegen tiefer liegende Hirnregionen aktiviert
werden. Regionen, zu denen Menschen, die ein
lärmerfülltes Leben führen, kaum Zugang erhalten,
Regionen, die offenbar einen tieferen Grad des
Denkens ermöglichen.

Der Vikar, der Religionskunde unterrichtete, die
ich als katholischer Junge besuchen musste, las aus
dem ersten Buch der Könige und erklärte uns, wie
Gott sich Elia zeigte, indem er erst einen Orkan
aufziehen ließ, danach ein Erdbeben herbeiführte
und schließlich eine Feuersbrunst entfachte. Gott
aber sei nichts von alledem, flüsterte der Vikar, ein
Männlein mit Fistelstimme, Gott war weder Or-
kan noch Erdbeben, noch Feuersbrunst, nein, Gott
kam danach, als ein »stilles, ein sanftes Sausen«.
»Heißt das«, fragte ich entgeistert, »Gott ist die
Stille?« »Genau das heißt es!« Damit hatte er mich
auf seiner Seite, der Vikar.

Thomas Edison war taub, als er den Phonographen
erfand, den Vorgänger des Plattenspielers. Um die
Musik oder vielmehr die Vibrationen der Musik

hören, nein, spüren zu können, biss Edison ins Holz seines Apparates. Er hörte mit dem Kiefer.

Ich trete ans Fenster, das nach Osten in unseren Garten hinausgeht, aber da ich tagsüber Kontaktlinsen trage, kann ich nicht erkennen, wie viel Schnee gefallen ist. Das Thermometer, das ich vor diesem Fenster angeschraubt habe, zeigt -17 Grad an. Gestalt und Topographie unseres Gartens sind verändert: Zwei hohe Schneedünen schieben sich von verschiedenen Richtungen auf das Gelände; für meine kurzsichtigen Augen hat die Stelle, an der die Kammlinien aufeinandertreffen, die Form der Sichel, mit der Onkel Leopold das Gras um das Geviert Brennnesseln schnitt, in dem sein Birnbaum stand. Von den Staketen des Holzzaunes sind nur die Spitzen zu erkennen, dunkle Punkte, die über den Schnee laufen und das Gelände trennen. Später, wenn ich die Kontaktlinsen eingesetzt habe, werde ich sehen, dass der Schnee über einen Meter hoch liegt; die Veranda ist bis unter das mit Brettern verschalte, hüfthohe Geländer mit Schnee gefüllt, die kurze Holztreppe in den Garten nicht länger zu erkennen. Über die Veranda werde ich das Cottage nicht verlassen können. Die Erinnerung, in meiner Kindheit seien in Österreich Straßen und Wege von meterhohen Schneewänden gesäumt gewesen, habe ich die letzten Jahre als kindliche Phantasie abgetan; nach diesem Blizzard weiß ich es besser. Die Schneepflüge, welche die Straßen in der Nacht räumten, ohne dass ich es bemerkte, haben hohe Schneewälle zusammengeschoben und mich buchstäblich eingemauert. Ich werde mich freischaufeln müssen.

Das Meer hat die Farbe von nassem Zement, auch das werde ich erst mit den Kontaktlinsen erkennen. Jetzt stehe ich kurzsichtig am Fenster, als halte ich Wache, unsicher auf den Beinen, weil ich den Transatlantikflug wie üblich nicht aus den Knochen bringe, und lausche dem Klatschen schwerer lederner Schwingen, dem unmissverständlichen Geräusch der Einsamkeit, das mir schon lange keine Angst mehr macht. Der Wunsch, allein zu sein, kann genetisch veranlagt sein und ist, wie Biologen herausfanden, messbar: Ist der Oxytocinanteil im Hormonspiegel tief, der von Vasopressin dagegen hoch, kann dies den Wunsch nach menschlicher Zuwendung unterdrücken. Die Dachbalken knarzen in der Kälte, die Innenseite der Fensterscheibe ist mit einer Eisschicht bedeckt, die unter der Berührung meiner Finger knistert. Im Elternhaus meiner Mutter Romana, in dem in meiner Kindheit ihre Schwester Fanny und deren zweiter Mann Leopold lebten, der erste war in Russland gefallen, blühten in den Winterferien Eisblumen auf der Scheibe unseres Schlafzimmerfensters, fragile Gebilde, die meine Schwestern Sonja und Monika und ich mit den Fingernägeln umkratzten.

In meinem Alter löst nahezu alles, was ich sehe, höre, rieche, was ich erlebe, eine Erinnerung aus. Ich habe es aufgegeben, mich dagegen zu wehren. Was soll es ändern oder gar helfen, die Gegenwart nicht mit der Vergangenheit abzugleichen und beides gegeneinander abzuwägen?

Und die Zukunft?

An die Zukunft denke ich nicht mehr.

Ich habe sogar aufgehört, mich deswegen zu wundern.

Das Reich der Wehmut, die Vergangenheit, ist mir wichtiger denn der Ort der Sehnsucht, die Zukunft.

Die Uhr über dem Herd zeigt 8 Uhr 40, das Thermometer vor dem Fenster über der Spüle -13 Grad. Das blaue Licht der Dämmerung verfremdet Distanzen, macht die Welt klein. Katze Smilla sitzt auf dem Tisch und frisst die Reste meines Frühstücks aus meinem Teller, Porridge mit Ahornsirup, wobei sie aufmerksam beobachtet, wie ich das Putztürchen des Eisenofens öffne, eine zusammengeknüllte Zeitungsseite ins Aschefach stopfe und anzünde, um den Propf kalter Luft durchs Ofenrohr zu jagen, damit kein Rauch ins Zimmer drückt. Eine der Vogelfedern, die meine Frau zwischen den Rahmen der Küchentür und die Wand gesteckt hat, ist zu Boden gefallen; wahrscheinlich hat Smilla sich damit beschäftigt. Im September hatten sich Sperlinge, Spottdrosseln und Tauben gemausert, und wir hatten Dutzende abgeworfener Schwungfedern sowie kiellose Daunen aufgesammelt. Die Küchentür trägt einen Kopfputz wie ein Häuptling.

Als das Feuer zieht, lege ich trockene Birkenscheite in die Feuerkammer, rücke den Schaukelstuhl, auf dem Smilla tagsüber am liebsten schläft, dicht vor den Ofen und schließe den Schieber. Ich muss Anfeuerspäne schlagen und Brennholz aus der Garage holen.

*

Auf der Wiese gegenüber unserem Cottage scheint der Wind – er bläst aus Norden, aus Kanada – Kraft zu sammeln, Luft zu holen. Möwen lassen sich von ihm in die Höhe reißen und aufs Meer tragen, er weht Schnee von den Büschen, die Colbys Grundstück begrenzen, lässt die kahlen Äste der Hemlocktannen, Zedern, Gelbbirken und Fichten im Wald hinter mir ächzen, zieht Schneefahnen über dem Wald auf. Äolos fällt mir ein, von Zeus bestimmt, den Wind zu verwalten, ausgestattet mit der Macht, ihn nach seinem Willen loszulassen oder ihm Ruhe zu gebieten. Der Wind bläst den Schnee immer wieder auf den Pfad, zwischen mir und der Haustür liegen noch etliche Meter.

Der Hafen und die Inseln Norton und Whitehead liegen ausgebreitet unter mir; die Fichten und Zedern, mit denen sie bewachsen sind, wogen hin und her, das Wasser ist in Aufruhr. Die Flut hat ihren Auswurf in bogenförmigen weiten Ringen an der Inselküste abgelegt, Treibholz, See- und Riementang. Strandgut, das die Touristen aufsammeln und in ihre Feriencottages tragen, Einheimische dagegen unbeachtet liegen lassen. Für ein korrekt geregeltes und angepasstes Leben ist der Himmel Maines zu weit; Stille und Leere stacheln mich an, ihnen meine Sätze entgegenzustellen. Hier sucht man keine Ruhe, hier findet man sie.

In Donegal war der Wind eine Lektion gewesen, die jeder, ob er nun wollte oder nicht, zu lernen hatte. Touristen, die man an ihrer farbigen, gleichzeitig praktischen Regenkleidung und am festen Schuhwerk erkannte, flohen vor den heftigen Böen, die sich wie Schläge anfühlten, in Pubs, suchten Schutz hinter Schuppen oder Felsen oder in ihren Mietautos und hörten nicht auf, Schirme aufzuspannen, obwohl der Wind sie ihnen geduldig wieder und wieder umdrehte und aus den Händen riss und davontrug, genau wie Hüte und Mützen, auf denen Schriftzüge Irland, Dublin oder Guinness anpriesen. Seamus, ein alleinstehender Nachbar, der viele Jahre in den USA und in England auf Baustellen geschuftet hatte und in den Hügeln Donegals lebte, liebte die Töne, die der gnadenlose Wind den Blechkanten seines Trailers und den straff gespannten Drahtseilen seines Sonnensegels entlockte, ein vielstimmiges Singen und Pfeifen, Orgeln, Summen und Rauschen, als wäre seine fahrbare Behausung ein Blasinstrument. Seamus ging zum Lesen auf eine kleine Anhöhe und setzte sich dort auf einen ausrangierten Autosessel; war er mit einer Seite fertig, riss er sie aus dem Buch und übergab sie dem Wind. Manche Seiten hielten sich lange in der Luft, narrten Möwen, drehten Kreise, trudelten, stürzten beinahe ab, fingen sich aber wieder und wurden so weit davongetragen, dass wir sie aus den Augen verloren und vergaßen, bis sie urplötzlich wieder auftauchten, als hätten wir sie zurückgepfiffen, und wie Papierflieger irgendwo in den Hügeln hinter uns zwischen Schafen landeten.

Wie viele lange Nächte hat mich der Wind in Irland wachgehalten? West- und Ostwinde sorgten für Zugluft hinter den hohen Schulhausfenstern, löschten Kerzen, raschelten in offenen Büchern und gingen bis auf die Knochen. Kam der Wind aus dem Süden, brachte er fremde Gerüche mit sich und mit ihnen die Sehnsucht nach heißen Sommertagen. Sturmwinde griffen ohne Rücksicht unter die schweren graublauen Schieferplatten, mit denen das Haus gedeckt war, sogenannte Bangor Blues, langten ins Dachgebälk, als wollten sie das Haus hochheben und an anderer Stelle absetzen, rüttelten an Dachgauben und Regentraufen, drückten den Rauch durch den Kamin ins Wohnzimmer und ließen Kieselsteinchen durch ihn rieseln wie durch eine Sanduhr. Ein Oktobersturm in meinem ersten irischen Herbst deckte über Nacht die Hälfte des Daches ab; ich brauchte Tage, um die weggewehten Schieferplatten auszugraben, die wie Geschosse durch die Luft gesegelt waren, mein Auto nur knapp verfehlt hatten und teilweise fast gänzlich in der Wiese steckten.

Schwerer als den Wind ertrug ich nach einigen Jahren in Irland den Regen, den ewigen Dauerregen Donegals, als der Klimawandel dafür sorgte, dass die Sommer ausblieben, es vier, fünf Wochen pausenlos schüttete, immer wieder hagelte und kaum wärmer war als im Winter. Es gab nicht länger vier Jahreszeiten, sondern nur mehr eine einzige: pissing rain. Die alte Regel, in Irland regne es jeden Tag sechs Mal, dafür scheine fünf Mal die Sonne, verlor ihre Gültigkeit. Als selbst Einheimische, die nur zu genau wussten, was ein miserabler irischer Sommer ist, anfingen, sich zu beklagen und vom Auswandern zu reden, wusste ich, es war an der Zeit weiterzuziehen. Nicht einmal das irische Licht, dies weiche Zauber- und Traumlicht, das es nirgendwo sonst gibt, konnte mich halten. Ein Licht, das Kanten bricht, Hügel, Berge, Wälder und Dörfer zum Schweben und Regen zum Schillern bringt, Distanzen verschiebt, Farben abmildert und zugleich verstärkt, gleißende Bahnen auf Meer und Seen legt, schroffe Felsen weich zeichnet, Flüsse in Silbertaue verwandelt und die Abenddämmerung zum Spektakel macht, das kein Ende findet, als kämpfte das Licht des Tages beharrlich dagegen an, von der Dunkelheit der Nacht abgelöst zu werden.

Müsste ich die zweiundzwanzig Jahre, die ich in Donegal zu Hause war, in einem einzigen Satz zusammenfassen, ich täte es vielleicht mit dem Schild, das im Fenster eines Friseurs hing: *Appointments necessary, if possible.*

Ich kann den Atlantik nicht mehr erkennen, so dicht ist das Schneetreiben mit einem Mal. Unser Cottage sehe ich erst, als ich davorstehe. Der Pfad, den ich bis zur Haustür freigelegt habe, ist bereits wieder schneebedeckt. Ich werde keine Wege schaufeln können, die bleiben. Keinen zur Garage, keinen zum Gartenschuppen. Was ich tue, wie schön, ist sinnlos. Ich bin machtlos gegen die Natur, weitermachen werde ich trotzdem. Das Gestöber blendet Maine aus, jetzt könnte das Cottage auch in Oberösterreich stehen, im Reich meiner Mutter, im Wald mit dem Konzentrationslager Ebensee, auf dessen Gedenkstätte wir Kinder spielten. Die Kieswege waren unsere Autobahnen, die Thuja-hecken unsere Landesgrenzen. Wie kann ein solches Gestöber nur derart verschwiegen vor sich gehen, in einer Lautlosigkeit, die ohne Argwohn ist, da sie nicht auf ein nächstes Geräusch lauert? Neben meinem Atmen und dem Schrappen, Scharren und Schurgen der Schaufel ist das Klirren, wenn sich Eiszapfen von der Traufe lösen und mit verhalte-nem Ploppen in den Tiefschnee graben, das einzige Geräusch, das die Stille stört. Ich hole den Korb mit Brennholz und Spänen aus der Garage und schließe die Tür hinter mir. Die Schneeflocken sind groß wie die Fetzen, in die ich als Kind das Löschpapier zerriss, das im Schulheft lag. Die Fetzen ließ ich als Schnee in die Theateraufführungen sinken, die meine ältere Schwester Monika mit Plüschtieren und Puppen für mich gab, nie für ein Publikum, immer nur für uns beide, sie, die Regisseurin, mich, den Wettermacher. Werde ich mir irgendwann ver-zeihen können, dass ich nicht den Mut aufbrachte, Monika im Krankenhaus zu besuchen, als sie den Kampf gegen den Krebs verlor, noch keine fünfzig Jahre alt? Wenn sie mir erzählte, worum es in ihren

Vorführungen ging, lagen wir am Boden, ich mit dem Kopf auf ihrem Bauch, sprachlos begeistert vom Glucksen, Gurgeln, Jammern und Rumpeln, das sie in ihrem Inneren produzierte.

Wie Leopold es immer tat, stecke ich die Schaufel mit dem Stiel voran in den Tiefschnee und drehe ihr Blatt wie ein loses Verkehrsschild im Kreis. Noch in der Tür schlüpfe ich aus den Stiefeln, trage den Korb in Strümpfen zum Ofen und heble das Türchen auf. Smilla liegt auf dem Schaukelstuhl, hebt den Kopf und sieht mir zu, wie ich Holz nachlege. Eines der Scheite singt, als es Feuer fängt, ein anderes kracht, als werde es erneut von meiner Axt zerteilt; Glutkörner stieben auf die Eisenplatte, die vor dem Ofen auf dem Holzboden liegt. Wie man schnitzt, hat mir mein Onkel nicht beigebracht, aber er hat mir gezeigt, wie man Brennholz schlägt und Kienspäne rundum derart einschneidet, dass Holzlocken entstehen, die ein Feuer entfachen, das nicht qualmt, sondern wärmt. An den Geruch und sogar den beißenden Rauch der Torffeuer in Irland hatte ich mich rasch gewöhnt, das Knistern, Spratzeln und Krachen eines Holzfeuers dagegen hörte ich nie auf zu vermissen; bevor ich die getrockneten Soden anzündete, die ich bei einem Nachbarn kaufte, der auf einer Parzelle in den Hügeln Torf stach, zerkrümelte ich eine zu Zunder, der sofort

Feuer fing und den Kamin im ehemaligen Klassen-
zimmer mit duftendem Rauch füllte. Rasch fraß
sich Glut in die Soden und ließ sie wie Zündstan-
gen aufglimmen; Ascheflocken lösten sich und
stiegen in der brandheißen Luft im Kamin auf wie
winzige Drachen und wurden ins Freie getragen.
Wollten die Schulkinder nicht frieren, mussten sie
Torf in die kleine Gesamtschule bringen, die sie,
so hat man mir glaubhaft versichert, nicht nur der
klirrenden Kälte wegen hassten.

Das Bedürfnis, mich in der Wärme vor dem Ofen
zusammenzurollen, ist so stark, dass ich mich gar
nicht erst hinsetze. In den letzten zehn Tagen habe
ich keinen Strich getan, nichts geschrieben, nicht
ein Wort, nur neben der Katze gelegen und gele-
sen, Musik gehört, abends eine Kleinigkeit gekocht,
wieder gelesen. Früher nahm ich mir solche Tage
des Nichtstuns und Müßiggangs übel, fand mich
faul, unproduktiv, unnütz, das ist vorbei und hat
sich ins Gegenteil verkehrt.

Richard Brautigan

Sekunden

Wenn man bedenkt, wie wenig Zeit
     wir haben
zum Leben und um über was
    nachzudenken, dann
hab ich grade die richtige Menge Zeit
für diesen Schmetterling aufgewendet.

Ein warmer Nachmittag
Pine Creek, Montana
3. September

Béla Balázs

Erinnerung

Ich gehe manchmal stundenlang durch die Felder mit der Empfindung, immer tiefer und tiefer einzudringen. Wohin? Das kann man nicht benennen. Und auf einmal fühle ich: Jetzt bist du da. Wo? Das kann ich nicht sagen. Es ist, als wäre ich eingetreten in eine Runde, die mich kennt. Die Berge schauen mich an ruhigen Blicks, und die Bäume winken ganz leise. Wie der verlorene Sohn bin ich heimgekehrt, und ein Ernst durchleuchtet mich, der mich nirgend anderswo überkommt. Er ist klarer als jede Freude und härter als jeder Schmerz. Er ist mein reinster Zustand. Ich bin angekommen zu mir selbst.

Da blicke ich um mich mit dem Gefühl des Von-neuem-Beginnens. Dann taste ich nach meinem eigenen Gefühl, denn ich möchte es fassen, aufbewahren, mitnehmen. Dann könnte ich mich nie verlieren und beschmutzen.

Wo bin ich in diesen Stunden, da ich mir näher bin als sonst? Und warum geschieht mir das nur draußen auf den Wiesen? Steh ich dort irgendeiner letzten Antwort näher? Denn unser trüb-unstetes, aufgeregtes Verirrtsein hat nur einen Grund: die Entfernung. Ich habe kein anderes Wort dafür als die *Entfernung*. Doch haben wir Menschen die ganze Kultur nicht darum erfunden, um näher zu kommen?

Religionen, Philosophien und Künste, sollten sie nicht alle Wege sein, um näher zu kommen? Doch hier auf der Wiese habe ich mich all dieser Wege entledigt mit dem Gefühl des Von-neuem-Beginnens. Das wirkt als tiefe Beruhigung. Denn wer unterwegs ist, der kann sich schon verirrt haben. Hier aber schaue ich um mich wie der erste Mensch am ersten Tage. Vor dem ersten Fehltritt. Und Uranfang spiegelt letztes Ziel.

Warum geschieht mir diese Heimkehr zu mir selbst nie in der Stadt und nie in meinem Zimmer? Zumindest nie so deutlich, so deutbar? Denn die Erinnerung an mich (die solche Heimkehr ausmacht) da draußen auf der Wiese langt länger zurück. Aus dem früheren Leben unserer wandelnden Seele ist nur die Natur wiederzuerkennen. Alles andere hat sich verändert. Anders sind jetzt die Häuser und die Kleider, die Werkzeuge und die Worte, Gedanken und Gebräuche. Nur vielleicht die Liebe ist sich ähnlich geblieben und der Wald. In den letzten paar tausend Jahren wurden auf der Szene die Kulissen der Natur nicht gewechselt. Jede Landschaft ist ein *déjà vu*. Weckt alte Erinnerungsbilder, und du siehst deine Wurzeln vor deinem Leben wie die Wurzeln der Seerosen tief unter dem Wasserspiegel. Die Zeit wird durchsichtig wie ein stiller Bergsee.

José Saramago

Die Welt ist so schön

Regen fällt, der Wind schüttelt die entlaubten Bäume, und die Erinnerung an vergangene Zeiten ruft ein Bild wach, das Bild eines großen, hageren alten Mannes, der auf dem aufgeweichten Pfad näher kommt. Er trägt einen alten, verdreckten Mantel, einen Hirtenstab über der Schulter, und die Wasser des Himmels rinnen an ihm herab. Vor ihm trotten gesenkten Kopfes Schweine, die den Boden mit ihrem Rüssel abgrasen. Der Mann, der sich in diesem Bindfadenregen wie ein Schatten nähert, ist mein Großvater. Er ist müde, der Alte, immerhin schleppt er siebzig mühevolle Lebensjahre mit sich herum, Jahre der Entbehrungen und des Unwissens. Und doch ist er ein weiser, ein schweigsamer Mann, der den Mund nur aufmacht, wenn es etwas zu sagen gibt. Er redet so wenig, dass wir unwillkürlich verstummen und aufhorchen, sobald seine Miene sich ahnungsvoll erhellt. Er hat eine merkwürdige Art, in die Ferne zu blicken, selbst wenn diese Ferne an der Wand vor ihm endet. Sein Gesicht wirkt wie gedrechselt, ist

starr, aber ausdrucksstark, und die kleinen, durch-
dringenden Augen blitzen hin und wieder auf, als
hätte er die eigenen Gedanken auf einmal verstan-
den. Er ist ein Mann wie viele andere in dieser
Gegend, in dieser Welt, vielleicht ein von der Last
des Unmöglichen erdrückter Einstein, ein Philo-
soph, ein bedeutender analphabetischer Schriftstel-
ler. Irgendetwas, das er nie sein konnte, ist er be-
stimmt. Ich denke an die lauen Sommernächte, in
denen wir unter dem großen Feigenbaum schliefen,
ich höre ihn aus seinem Leben erzählen, von der
Milchstraße, die über unseren Köpfen schien, von
den Rindern, die er züchtete, von den Erlebnissen
und Geschichten aus seiner fernen Kindheit. Wir
schliefen spät ein, in warme Decken gehüllt, denn
am Morgen würde es kühl werden. Doch das Bild,
das mich heute, in dieser melancholischen Stunde,
nicht mehr loslässt, ist das des Alten, der durch den
Regen schreitet, unbeirrt, schweigsam, wie jemand,
der ein Schicksal erfüllt, das durch nichts aufgehal-
ten werden kann. Durch nichts als den Tod. Dieser
alte Mann, den ich mit meiner Hand fast berühren
kann, weiß nicht, wie er sterben wird. Noch weiß
er nicht, dass er wenige Tage vor seinem Tod sein
Ende ahnen wird, weshalb er in seinem Garten von
Baum zu Baum geht, die Stämme umarmt und sich
von ihnen ebenso verabschiedet wie von den ver-
trauten Schatten und den Früchten, die er nie mehr

essen wird. Warum nur musste der Tod ihn holen, ehe die Erinnerung ihn auf dem überfluteten Weg oder unter dem Himmelszelt mit der ewigen Frage nach den Gestirnen wieder zum Leben erweckte? Was werden seine Worte sein?

*

Du saßest auf der Schwelle deiner Tür, Großvater, die offen stand zur weiten, sternenklaren Nacht, zum Himmel, über den du nichts wusstest und den du niemals bereist hast, zur Stille der Felder und der dunklen Bäume und sagtest mit der Gelassenheit deiner neunzig Jahre und dem Feuer einer nie verlorenen Jugend: »Die Welt ist so schön, und es ist so schade, dass ich sterben muss.« Genau so. Ich habe es gehört.

Ingo Schulze

Keine Literatur oder
Epiphanie am Sonntagabend

Vielleicht hatte ich nur zu viel getrunken. Das wäre die einfachste Erklärung, natürlich, aber eine andere Erklärung, wie soll ich sagen ...

Ich kann Ihnen nur das Drumherum beschreiben, das aber, worauf es ankommt – da werden Sie denken, ich sei plemplem. Das kennen Sie entweder selbst, oder ...

Von außen betrachtet, erscheint es ja oft simpel.

Nun ist es bereits etliche Wochen her. Es war ein Sonntag. Wir waren morgens auf unsere Datscha nach Prieros gefahren, um der Hitze zu entkommen, wenigstens für einen Tag. Unter den Kiefern ist es immer drei oder vier Grad kühler als in Berlin, Clara und Franziska können nackt herumlaufen, wir in kurzen Hosen, jeder halt so, wie er will, und zum Tiefen See ist es ein Katzensprung.

Gegen zwölf traf meine Mutter ein, im Kofferraum eine Schüssel Kartoffelsalat – diese elfenbeinfarbene Schüssel kenne ich, seit ich denken kann. Die Schüssel war sozusagen schon immer da. Und kurz nach meiner Mutter kamen auch schon M. und E., die beiden Freundinnen, die erst für den Nachmittag angekündigt waren. Mir war es peinlich, dass sie sahen, wie ich die Kiefernzapfen und Nadeln zwischen Terrasse und Schuppen zusammenrechte. Aber glauben Sie mir, es ist sehr angenehm, barfuß übers Moos zu gehen. Außerdem fiele es auf, wenn nur bei uns die Zweige, Zapfen und Nadeln liegen blieben. Das Rechen gehört halt dazu, wenn man so ein Grundstück gepachtet hat.

Wegen der Hitze kam nur der Elektrogrill in Frage, die Würste und Spieße waren aus der Kaufhalle, aber die haben sehr gute Wurstwaren. Ich trinke mittags selten Bier, überhaupt bin ich niemand, der viel Alkohol trinkt. Aber zum Grillen gehört nun mal Bier. Es war heiß und ich hatte Durst, und das Bier, das wir noch vom letzten Mal im Keller hatten, war schön kühl. Ich trank zwei oder drei Flaschen am Grill und noch mal eine oder zwei am Tisch. Alle tranken Bier, bis auf die Kinder natürlich. Im Nu war der Kasten leer. M. und E., die beiden Freundinnen, machten sich über den Diät-Kartoffelsalat lustig, so wie sie auch über den zerbrochenen Tortenboden spotteten, den nur die Glasur auf den Erdbeeren zusammenhielt. Aber schließlich haben sie den Kartoffelsalat aufgegessen und auch die Würste. Natalia und mir schmeckte der Kuchen genau so, wie er war.

Damit die Kinder einschliefen, drehten Natalia und ich eine Runde mit dem Doppelwagen, aber die Hunde auf den Nachbargrundstücken bellten, und Franziska rief immer »Wauwau! Wauwau!«, und Clara machte Franziska nach. Wir gaben es auf, die Kinder zum Schlafen zu bringen, packten die Badesachen zusammen und gingen zum See. Natalia und ich schwammen ans andere Ufer, während sich M. und E. sonnten und meine Mutter mit Clara und Franziska in einem angeketteten Kahn saß und nach Amerika fuhr, hin und zurück, hin und zurück. In Amerika, so E., deren Sohn in Kalifornien lebt, dürften wir die Kinder nicht so nackt herumlaufen lassen. Womöglich, dachte ich, wird es auch bald bei uns so sein wie in Amerika. Zuerst in Amerika und dann bei uns.

Bevor M. und E. aufbrachen, tranken wir noch ihren mitgebrachten Prosecco – die beiden trinken am liebsten Prosecco – , weil der nun endlich kühl genug war, und aßen den Rest von dem Kuchen mit der verbliebenen Schlagsahne. Dann fuhren M. und E., die beiden Freundinnen, wieder ab. Wir standen auf dem Waldweg und winkten ihnen nach, und sie winkten zu beiden Seiten aus dem Auto heraus. Die Sonne schien durch die Kiefern in den aufgewirbelten Staub, und Natalia sagte, dass wir über Nacht bleiben sollten, es reiche doch, erst morgen früh wieder nach Berlin zu fahren.

»Darauf hätten wir auch eher kommen können«, sagte ich, als sei das alles bisher kein Sonntag gewesen. »Kommt, Kinder«, sagte meine Mutter, »dann machen wir es uns jetzt so richtig gemütlich.«

Niemand wollte den Tisch abräumen oder abwaschen. Meine Mutter stellte nur die Milch in den Kühlschrank. »Ach, wir haben ja noch eine Flasche Prosecco«, rief sie von drinnen.

»Die trinken wir jetzt zur Belohnung«, sagte ich. Ich weiß nicht mehr, warum ich von Belohnung sprach, aber es war heiß und der Prosecco war wirklich gut.

Ich kann mir schon vorstellen, wie das für fremde Ohren klingt, nur fressen und saufen.

Clara und Franziska verstreuten die alten Plastikformen für den Sandkasten, die sie im Schuppen gefunden hatten. Meine Mutter lag in der Hängematte und brütete über der schweren Variante des Sudoku aus dem »Tagesspiegel«, den ihr M. und E., die beiden Freundinnen, nach einiger Diskussion überlassen hatten. Natalia saß, die Beine übereinandergeschlagen und zurückgelehnt, am Tisch, den Rest der Zeitung im Schoß, und versuchte zu lesen. Aber Clara fragte unentwegt: »Was sagt die Königin der Nacht, wenn kein Kind mit ihr spielen will? Ist sie dann traurig, wenn Dornröschen schöner ist als sie?« Manchmal geht das stundenlang.

Statt mich ins Auto zu setzen und das Radio anzumachen, hatte ich unsere Freundin S. angerufen, um zu fragen, wie das Spiel England gegen Ecuador ausgegangen sei und wer am Abend spiele. Sie wollte von mir wissen, warum so viele Schriftsteller den Genitiv für prätentiös hielten und nicht mehr verwendeten. Ich hatte keine Erklärung dafür, wollte mir aber das von ihr verwendete Adjektiv »geschmacksgefährdet« merken.

Den noch ungelesenen Erzählungsband von Ayala in der einen Hand, in der anderen die Flasche mit dem Rest Prosecco, der inzwischen fast lauwarm war, legte ich mich auf eine zum Lüften ausgebreitete Decke.

Plötzlich hatte ich den Wunsch, in einer Hollywoodschaukel zu sitzen. Ich überlegte tatsächlich, wo man Hollywoodschaukeln kaufen könne und wie teuer die seien, und dachte, dass der Transport wahrscheinlich fast so viel kosten würde wie die ganze Schaukel.

Durch die Sonnenbrille war der Himmel so blau wie in Italien, und die Kiefernäste waren Pinienzweige. Manchmal rauschte es. Für mich klingt das immer, als fahre ein Zug durch den Wald, so wie früher in der Dresdner Heide. Dann stellte ich mir wieder vor, der Himmel wäre Wasser und die Kiefern Wasserpflanzen. Für ein paar Sekunden muss ich eingenickt sein – und erwachte, als Franziska dicht an meinem Kopf vorbeirannte. Sie lachte, ja juchzte. Sie lief so schnell, dass ich glaubte, sie würde gleich hinfallen, und da ich dort, wohin sie tappelte, nicht den Wald gefegt hatte, fürchtete ich, sie könnte sich wehtun. Mir fiel sogar der Fuchs ein, der sich letztes Jahr bis an die Abfallgrube gewagt und uns beobachtet hatte, ein tollwütiger Fuchs.

Franziska blieb stehen, beugte den Oberkörper vor, streckte den Arm aus und rief: »Dahs ihs, dahs ihs?«

Es war tatsächlich wunderschön, ein großes, vollkommen makelloses Stück Orangenschale, das jemand über unseren Zaun geworfen hatte. »Eine Orangenschale«, sagte ich. »Wahs?«, fragte sie. »Eine Orangenschale«, wiederholte ich. »Wahs?« – »Eine Orangenschale«, rief ich. »Dahs ihs?« Eine Orangenschale und gleich noch mal, eine Orangenschale. Und plötzlich begriff ich: Eine Orangenschale! Franziska verstand mich sofort. Sie hatte an meinem Tonfall oder woran auch immer bemerkt, dass ich ihr endlich die richtige Erklärung gegeben hatte. Beide betrachteten wir die Orangenschale und mit ihr das Wunder, dass es die Orangenschale und uns und alle und alles gab, das ganze Wunder eben. Mehr gibt es nicht zu sagen, verlangen Sie keine Erläuterungen. Wir begriffen das Wunder, dass es uns gibt. Punkt. Soll ich sagen, ich sah uns im Schoße des Weltalls? Aber ich sah nicht nur uns, sondern alle und alles. Und jede und jeden und jedes, aber nicht so, wie man etwas überblickt, sondern so, als befände sich jede und jeder und jedes ganz nah. Wir waren allem Scheußlichen ausgeliefert und allem Menschlichen und allem Hässlichen und allem Schönen. Ich war nicht getrennt davon, es war nichts dazwischen, zwischen mir, uns und allem.

Ich bin nicht plemplem und behaupte, ich hätte Elektronenwolken gesehen oder den Einstein'schen Raum erblickt. Aber trotzdem, so ähnlich war es schon.

Sobald ich es aber ausspreche, wird es Nonsens. Ein Wimpernschlag, während dessen ich alles verstand. Nichts, nichts war verlorengegangen. Ich sah es und wusste einen Atemzug später, dass ich nichts mehr sah, dass der Vorhang gefallen war.

Auf der Rückseite der Orangenschale krabbelten Ameisen, die Franziska zu neuem Lachen und neuem »Dahs ihs?« und »Wahs?« veranlassten. »Das sind Ameisen«, sagte ich, »Ameisen«, und machte kehrt. Nach ein paar Schritten sah ich mich um. »Ameisen«, sagte ich, ging zurück und wollte ihr die Orangenschale aus der Hand nehmen. »Nein! Nein!«, schrie sie. Also ließ ich ihr die Orangenschale mit den Ameisen und legte mich wieder auf die Decke.

Ich kann nicht sagen, dass ich aufgewühlt gewesen wäre oder glücklich oder traurig. Ich dachte nur daran, dass es wirklich schön wäre, wenn man kurz vor dem Tod noch einmal sein Leben im Schnell-durchlauf zu sehen bekäme, denn dann wäre auch dieser Augenblick dabei, dieser Augenblick und dieser Nachmittag.

Aber wie gesagt, vielleicht hatte ich einfach zu viel getrunken; es ist wirklich sehr warm gewesen. Als ich kurz vor zehn zum letzten Mal aufs Thermo-meter sah, zeigte die blaue Quecksilbersäule im-merhin noch neunundzwanzig Grad Celsius. Das müssen Sie sich mal vorstellen, neunundzwanzig Grad Celsius abends um zehn!

Joseph Roth

Betrachtungen an einer Straßenecke

Erst ein paar Jahre ist es her, dass mir ein unge
wöhnlich günstiges Geschick die Möglichkeit
gab, viele fremde Länder zu sehen, fremde Land-
schaften, fremde Gesichter, die Sonne und den Ne-
bel, Berge, Tal und Meer. Auch unwirtliche Gegen-
den bestrebten sich, eben diese ihre Unwirtlichkeit
noch für mich gleichsam anziehend zu machen, sie
lächelten mich unwirsch an. Und was soll man erst
von den selbstverständlich freundlichen Gegenden
sagen? Und die Schiffe waren weiß angestrichen in
den Häfen, wie Bräute erwarteten sie mich. Und
wie gute, schnell gefällige Freunde führten mich
die Züge über Tausende Meilen und übergaben
mich getreulich der Station, in der ich aussteigen
wollte. Allmählich bildete sich also in mir die Mei-
nung, dass ich die Welt kenne, oder wenigstens
einen großen Teil der Welt. Und auch die Men-
schen gar wohl zu kennen, bildete ich mir ein. Sie
haben nämlich die Eigenschaft, sich darzubieten,
wenn man ihnen entgegenfährt; und, wenn man
gekommen ist, um ihre Gastfreundschaft nicht in

Anspruch zu nehmen, rücken sie einem mit ihrer Gastfreundschaft geradewegs zu Leibe. Und ähnlich, wie sogar noch die unwirtlichen Gegenden mir ihre Unfreundlichkeit sozusagen mit vollen Händen darzubieten pflegten, so offenbarten sich auch mit geradezu rührendem Freimut die unangenehmen Menschen als unangenehm. – Seitdem ich aber gezwungen bin, die Länder, die Schiffe und die Eisenbahnen und die Grenzwächter zu meiden und, auf meinen müden Wanderstab gestützt, seit undenklichen Monaten auf einem und demselben Fleck sitze, in dieser Taverne an einer Straßenecke, die ich gar nicht verlasse, habe ich allmählich gelernt, die Mangelhaftigkeit meiner früheren Welt- und Menschenkenntnis einzusehen. An einer einzigen Straßenecke eines stillen Stadtbezirkes geschieht so viel, so Besonderes und so Gewöhnliches wie in der ganzen Welt; und ich erkenne es besser. Und der für einen Weltreisenden blamable Verdacht regt sich in mir, dass die Einheimischen in den Ländern, die ich ehemals besucht hatte, mich besser gekannt haben als ich sie. Wer da sitzt und beharrt, sieht viel. Und wer da kommt und geht: Was kann er schon gesehen haben?

Nun kenne ich den und jenen unter den Leuten, die in dieser Gegend leben, in die Taverne eintreten und an ihr vorübergehen, und eine Regung, die hässlich wäre, bemühte ich mich nicht, mir selbst die Tendenz einer mitleidigen Wissbegier zu geben, veranlasst mich, zu schauen und zu hören. Oh, ich möchte kein Lauscher an der Wand sein, sondern eine Wand, die unschuldigerweise Ohren und Augen hat: Sie kann nichts dafür. Und sie hört und sieht Erstaunliches.

*

Wenn sie allein sind, die Menschen, fällt der Glanz von dem und jenem ab, und nicht nur der äußere. Und die Menschen sind so allein, wenn sie vorübergehen. Was einer meiner Freunde, ein Schalterbeamter vom Postamt nebenan, an zwei Tagen sieht und mir in einer halben Stunde erzählt, habe ich in achtzehn Expresszügen nicht erfahren können – und in Personenzügen auch nicht. Er sitzt hinter dem Schalter, er sitzt und verharrt. So sitzen oft gelähmte Greise in ihren Rollstühlen, in der Sonne, vor den Türen ihrer Häuser, und man sagt von ihnen, sie wüssten von nichts, weil sie nirgends hinkämen. Aber bestimmt wissen sie mehr, als einer, der läuft. Und das wirklich Wesentliche kann sich an keinem Ort der ganzen weiten Welt anders ereignen als an einer einzigen Straßenecke einer einzigen Stadt. So armselig wenige Variationen gibt es in der menschlichen Gattung wie im menschlichen Geschehen! Auch noch das Ungeheuerliche, das sich heutzutage da und dort ereignet, hat seine Urmuster in dem selbstverständlichen Streit zweier Männer um Frau oder Geld oder beides: an meiner Straßenecke. Und die Diktatoren, die Totalitären, ihre Anhänger, ihre Gegner und die Neutralen, die objektiven Urteiler kommen da vorbei.

Oh, nicht, dass ich gerade auf meine Straßenecke besonders eingebildet wäre! An jeder anderen könnte sich das Gleiche ereignen; könnte man das Gleiche erfahren, oder Ähnliches. Man sollte es aber einmal aufschreiben.

Mascha Kaléko

Gesucht:
Ein Irgendwo von dazumal ...

Irgendwo, in diesem vom Lärm
  erdrosselten Leben,
Muss es, so träume ich dann und wann,
  ein schweigendes Wärterhaus geben,
Mit ein paar Bäumen davor, und einem
  Vogel, der singt.
Von fern, das Gebirg. Man meint,
  in den Wolken zu schweben.
Und die Stille ringsum! Es ist eine Stille,
  die klingt.

Wieder beglückt mich der Duft der
  blühenden alten Kastanien,
Den ich, unvergessen, so lang über Länder
  und Meere hin trug ...
Rosen zieh ich mir nicht, auch keine
  verwöhnten Geranien.
Feldblumen frisch auf den Tisch im
  bäuerlich irdenen Krug!

Nachbarlich grüßt mich vom Dorf zur
  Vesperstunde das Läuten.
Das Eichhorn erkennt meinen Gang.
  Und es flieht vor mir nicht mehr das Reh.
Vier Mal spiegelt der Bach mir das
  wechselnde Antlitz der Zeiten.
Mein Kompass: Sonne und Wind.
  Meine Zeitungen: Spuren im Schnee.

– Wie seltsam: der erste Tag, und ich fühle
  mich selig, zuhause!
Vertraut ist mir die Landschaft längst.
  Sah alles so oft schon im Traum:
Den Brunnen, den Urväterrat und den
  offnen Kamin in der Klause;
Petroleumlampe zur Nacht und Bänke
  aus knorrigem Baum.
… Irgendwo, in diesem vom Fortschritt
  zertretenen Leben,
Muss es – ich träume es gar zu oft – ein
  solches Wärterhaus geben.
Dort sitze ich öfters, im Geist, an dem
  himmlischen Frieden mich labend,
Und blicke, schweigend zumeist, in den
  sinkenden Lebensabend.

Olga Tokarczuk

Mein Haus ist mein Hotel

Ich mache mich noch einmal schauend mit jedem
Gegenstand vertraut. Betrachte jeden aufs Neue,
als hätte ich ihn nie zuvor gekannt. Ich entdecke
Einzelheiten. Ich bewundere die Sorgfalt der Hotel-
besitzerin im Umgang mit Blumen, sie sind so
groß und hübsch, die Blätter glänzen, die Erde ist
so feucht, wie sie sein soll, und diese Terrastigma
ist wirklich beeindruckend. So ein großes Schlaf-
zimmer, wiewohl das Bettzeug von etwas besse-
rer Qualität sein könnte, etwa aus weißem Leinen
und gut gestärkt. Aber das hier ist nur ein billiger
Baumwolldruck, dafür braucht man weder Heiß-
mangel noch Bügeleisen. Die Bibliothek hingegen
ist durchaus interessant, eigentlich ganz nach mei-
nem Geschmack, sie enthält alles, was ich brauchen
würde, wenn ich mich hier niederlassen wollte.
Vielleicht werde ich wegen der Bibliothek tatsäch-
lich länger bleiben.

Und durch einen seltsamen Zufall finde ich im
Schrank ein paar Kleidungsstücke, die mir genau
passen, vornehmlich in dunklen Farben, wie ich

sie gern habe. Dieser schwarze Pulli mit Kapuze steht mir vortrefflich, er ist weich und bequem. Und was noch verblüffender ist, dass meine Vitamine auf dem Nachttisch stehen und daneben liegen meine bevorzugten Ohrenstöpsel. Das geht wirklich zu weit.

Mir gefällt auch, dass man die Hotelangestellten nicht sieht, keine Zimmermädchen klopfen, niemand huscht herum. Eine Rezeption gibt es nicht. Selbst den Kaffee mache ich mir morgens selbst, so, wie ich ihn mag. Espresso mit aufgeschäumter Milch.

Ja, ich habe ein durchaus annehmbares Hotel zu einem erschwinglichen Preis gefunden, vielleicht ein bisschen einsam und abseits von der Hauptstraße gelegen, die im Winter zuschneit, aber wenn man mit dem Auto unterwegs ist, spielt das keine große Rolle. Man muss bei S. die Autobahn verlassen, ein gutes Dutzend Kilometer über eine Lokalstraße fahren und hinter G. in eine Kastanienallee einbiegen, die zu einem Schotterweg zwischen Feldern führt. Im Winter muss man das Auto hinter dem letzten Hydranten stehen lassen und den Rest des Weges zu Fuß gehen.

Kurt Tucholsky

Sie schläft

M orgens, vom letzten Schlaf ein Stück,
nimm mich ein bisschen mit –
auf deinem Traumboot zu gleiten
ist Glück –
Die Zeituhr geht ihren harten Schritt …
pick-pack …

»Sie schläft mit ihm« ist ein gutes Wort.
Im Schlafe fließt das Dunkle zusammen.
Zwei sind keins. Es knistern die kleinen
Flammen,
aber dein Atem fächelt sie fort.
Ich bin aus der Welt. Ich will nie wieder
in sie zurück –
jetzt, wo du nicht bist, bist du ganz mein.
Morgens, im letzten Schlummer ein Stück,
kann ich dein Gefährte sein.

Kathleen Collins

Nur einmal

Um einen fehlerlosen Sprung hinzulegen, musste er den Tunnel hinunterrutschen und unten rasch auf die Beine kommen, sonst würde er auf der Stromschiene landen.

Er schaute sie an. »Glaubst du, ich schaffe das?« Er grinste. Als könnte er über das Leben gebieten. Mit seinen lachenden Augen. Zu allem bereit. Und seinem goldenen Körper. Zu allem bereit.

Sie wollte ihm nicht zusehen. Nicht jetzt und auch bei keiner anderen Gelegenheit.

Einmal gingen sie über die Brooklyn Bridge, als er plötzlich das Geländer erklomm. Im nächsten Moment spazierte er oben entlang. Sie dachte bei sich: »Das geht dich nichts an, geh einfach weiter.« Und das tat sie.

»Hier oben ist es irre, Baby«, rief er, »selbst wenn ich runterfalle, es ist richtig irre!«

So einem Mann begegnest du nur einmal, heißt es immer. Nur einmal.

Er lehnte an einem Pfeiler und rauchte eine Lucky Strike. Sie kamen ins Gespräch. Er fand, dass sie

komisch aussah beim Tanzen. »Du gibst ein lächer-
liches Bild ab«, sagte er. »Wie kommst du eigentlich
darauf, dass du tanzen kannst?« Er nahm sie bei der
Hand, und sie gingen in den Park.

»Glaubst du, du kannst von dem großen Stein da
springen?« Er grinste.

Sie sah ihn nur an.

»Na los, ich fange dich auf, wenn du verkehrt
springst.«

Sie kletterte hinauf. Sprang. Er schaute zu und
ließ sie fallen. Die Landung war gut, auch wenn ihr
Knöchel ein bisschen wehtat.

»Das war wunderbar.« Er grinste. »Du hättest dir
den Knöchel brechen können.«

Sie war unglaublich stolz.

»Wir suchen noch einen Stein. Ich fange dich
auf, wenn du verkehrt springst«, sagte er und
umarmte sie.

So einem Mann begegnest du nur einmal, heißt es
immer. Nur einmal.

Er fuhr mit ihr zu ihren Eltern nach New Jersey,
wo sie ihm im Garten die Rosen ihres Vaters
zeigte ... ihm ihre Kindheit zeigte und alles, was
pikste und wehtat und schwer zu verzeihen war.
Er betrachtete das Haus, den Garten und die Fa-
milie ... Und sie hatte das Gefühl, dass sich alles
veränderte. Verziehen war.

Das zweite Mal hatte er sie gerade noch aufgefangen, bevor sie sich den Knöchel brach. »Das wäre fast daneben gegangen. Du bist verkehrt gesprungen.« Er grinste. Ungeheuer zufrieden, dass er sie gerade noch aufgefangen hatte. Ungeheuer zufrieden.

»Großer Gott, das ist ja unglaublich!«, rief er. Und als sie sich umdrehte, war sein Gesicht fast hinter den üppigen lila Blüten der Glyzinie verschwunden. »Großer Gott, was für ein Wahnsinnsgeruch«, rief er. Der Duft überwältigte ihn und ließ ihn heftig erschauern. »Großer Gott«, rief er außer sich vor Glück.

»Glaubst du, ich schaffe das?« Er grinste. Als könnte er über das Leben gebieten. Mit seinen lachenden Augen. Zu allem bereit. Und seinem goldenen Körper. Zu allem bereit.

So einem Mann begegnest du nur einmal, heißt es immer. Nur einmal.

Als sie wegging, schrieb er ihr Briefe. Dicke Umschläge kamen mit der Post. Auf jeder Seite stand ein Wort: Du. Weißt. Nicht. Wie. Sehr. Ich. Dich. Liebe.

Eine einzige Rose, als sie sich an der Bushaltestelle trafen. Und ein überhebliches Grinsen auf seinem goldenen Gesicht. Nur einmal, heißt es immer. Nur einmal.

Sie stahlen sich an der Vermieterin vorbei nach oben in sein Dachzimmer. Die Nacht war fast

schon vorbei. Er drang tief in sie ein, und der Mor-
gen brach an. Sie blutete wie ein Hundewelpe. Das
helle Tageslicht weckte sie auf. Ein glückliches
Grinsen liebkoste ihre Wange.

Einmal im Schnee auf einem alten Pelzmantel.
Einmal im Wald auf einem Bett aus Kiefernnadeln.
Einmal in einer Scheune im Heu. Einmal. Nur
einmal.

Jetzt sitzt er in einem Sessel neben einer Lampe,
und sie beobachtet ihn aus den Augenwinkeln,
während sie sich mit seinen Leuten unterhält. Er
bannt sie mit einem Lächeln, und das lässt sie ins
Stottern geraten ... »Glaubst du, ich schaffe das?«
Er grinst. Als könnte er über das Leben gebieten.
Darüber schalten und walten.

Jetzt sind sie in einem Spirituosenladen an der
Bowery. Sie kaufen eine Riesenflasche Chianti mit
einem Straußenhals, gehen zu Fuß nach Hause
in die 135. Straße und trinken unterwegs große
Schlucke. Sie schlagen Räder und Purzelbäume
und landen ungelenk auf der Straße. Kichernd.

Zu Hause angekommen, sind sie so betrunken,
dass sie auf dem Boden aneinanderstoßen und alles
verschwimmt. Nach und nach sickern Geheimnisse
durch – wie sehr es ihn überraschte, zutiefst über-
raschte, als seine goldene Haut schwarz wurde und
bei anderen Verachtung hervorrief, als das Lachen
in seinen Augen erstarb. Später wird sie versuchen

sich zu erinnern, welches Geheimnis genau durch den Nebel zu ihr drang. Sie wird versuchen zu benennen, an welchem Punkt das Lachen erstarb. Wer die Beleidigung aussprach, wann und wo sie ihn traf und warum er sie nicht abschütteln konnte. Doch es wird ihr nicht gelingen. Gegen Morgen wird sich das Geheimnis verdichten. Zu einem winzigen Stück Schorf, das nicht abfallen will.

»Glaubst du, ich schaffe das?« Er grinste. Als könnte er über das Leben gebieten. Mit seinen lachenden Augen. Zu allem bereit. Und seinem goldenen Körper. Zu allem bereit.

Er landete auf der Stromschiene. Aber vielleicht auch nicht. Vielleicht passierte es später. Bei einem falsch berechneten Sprung von einer hohen Klippe. Aber vielleicht auch nicht. Vielleicht passierte es noch später. Er schoss sich in den Kopf. Er dachte, das Gewehr sei nicht geladen. Aber vielleicht wusste er auch, dass es geladen war.

So einem Mann begegnest du nur einmal, heißt es immer. Nur einmal. Aber sie begegnete ihr ganzes Leben lang solchen Männern. Einer wie der andere, immer dieselbe Sorte Mann.

Lili Grün

Die ersten Tage

Das sind die ersten Tage einer neuen Liebe. Wir gehen umher, und alles, was geschieht, ist ein Gruß von ihm. Wir sehen im Kalender einen verstaubten, biederen Vers, und lächelnd fällt uns eine Episode unserer Kindheit ein. Die Gouvernante, die Augengläser trug und einen Bräutigam hatte, der irgendwo in Afrika Forscher war, sammelte solche Verse. Sie trug sie mit ihrer schönsten Handschrift in ein blaues Schulheft ein, und wir Kinder waren eifrig bemüht, ihr solche Verse zu bringen, um sie bei guter Laune zu halten. Diese kleine Geschichte ist furchtbar wichtig, denn wir haben sie ihm noch nicht erzählt. Und so ist plötzlich das ganze Leben geworden. Man muss ihn dringend fragen, ob er auch Margeriten so liebt – und ob er auch bei der Andersen-Geschichte von der Schneekönigin hat so furchtbar weinen müssen und ob überhaupt kleinen Jungens ihre Mädchen so wichtig sind wie den kleinen Mädchen. Der ganze Tag ist nur da, um zu vergehen, bis es endlich, endlich halb sechs wird. Und auf einmal fällt uns ein, wie er gestern Abend gelacht hat – und wir wissen, dass es eben dieses Lachen ist, nach dem wir uns ein ganzes Leben gesehnt haben. Genau dieses Lachen hat uns gefehlt bei Henrik, bei Peter, bei Kurt. Alle und alles mussten wir verlassen auf der Suche nach diesem Lachen. Oder ist es noch mehr der kleine, traurige Zug bei den Augen? ... Jedenfalls haben wir es endlich gefunden, diese Augen, dieses Lachen. Es kann nun nichts mehr Böses geschehen in der Welt. Das sind die ersten Tage einer neuen Liebe.

Rainer Maria Rilke

Wenn es nur einmal so
ganz stille wäre

Wenn es nur einmal so ganz stille wäre.
Wenn das Zufällige und Ungefähre
verstummte und das nachbarliche Lachen,
wenn das Geräusch, das meine Sinne machen,
mich nicht so sehr verhinderte am Wachen –

Dann könnte ich in einem tausendfachen
Gedanken bis an deinen Rand dich denken
und dich besitzen (nur ein Lächeln lang),
um dich an alles Leben zu verschenken
wie einen Dank.

William Boyd

Frau mit Hund am Strand

*»Das wirkliche und interessanteste Leben
eines jeden Menschen spielt sich heimlich,
gleichsam unter dem Mantel der Nacht ab.«*

Anton Tschechow

Aus irgendeinem Grund beschloss Garrett Rising,
als er zwanzig Meilen aus Boston heraus war
und Richtung New York fuhr, dass er unbedingt
den Ozean sehen musste. Er hatte Sehnsucht nach
dem weiten Horizont, nach dem Rauschen der
Brandung, so sehr, dass ihm alles andere gleichgül-
tig wurde. Er wusste, es würde ihn beruhigen, also
bog er vom Highway ab und fuhr ostwärts zum
lockenden Zeigefinger von Cape Cod.

Als Kind war er einmal dort gewesen, mit zehn
oder elf, als die Familie Rising für drei Sommer-
wochen ein Haus in Provincetown gemietet hatte.
Er erinnerte sich dunkel an das senfgelbe Haus, an
klemmende Fenster, an die ewigen Wutanfälle sei-
nes Vaters, die friedliche Bucht gegenüber der Stadt

und an den tosenden Ozean auf der anderen Seite, jenseits der Dünen.

Als er in Orleans zum Tanken hielt, durchfuhr ihn ein leichtes Zittern der Erregung. Bedachte er sein Problem, diese erneute Enttäuschung, tat er gerade etwas Spontanes – und zweifellos auch Dummes –, aber das war ihm egal, und außerdem, wem schadete er schon damit. Er wusste nur, dass er jetzt nicht einfach nach New York zurückkonnte – er brauchte den Trost der Wellen.

Garrett Rising war ein hochgewachsener, agiler Mann mit breiten Schultern, schon mit kleinem Bauchansatz, aber schließlich war er einundvierzig, so alt wie das Jahrhundert, daran war nicht zu rütteln. In seinem blonden Haar zeigten sich graue Strähnen, und er hatte eine kleine, feine Nase mit auffallend weiten Nasenflügeln. Viele Frauen hatten ihm versichert, dass sie diese kleine, feine Nase bemerkenswert fanden.

»Toller Film«, sagte der Tankwart, der ihm das Wechselgeld gab und mit dem Kopf auf das Kino gegenüber zeigte: Das Rio, so hieß es. In geschwungenen kirschroten Neonlettern zog sich der Name quer über die Fassade. Der Film, der lief, hieß *Scarlet Autumn*.

»Ach, ja?«, sagte Garrett. »Muss ich mir mal ansehen.«

»Sie werden es nicht bereuen.«

Garrett fuhr weiter. Er hatte South Wellfleet hinter sich gelassen, als er langsam müde wurde und das Schild sah: »Pamet River Inn, nächste Straße rechts, Ozeanblick, Premium-Zimmer.« Er bog ab und holperte über eine zerfurchte Straße bis zu einer großen weißen holzverkleideten Villa mit Vorbau, gekiestem Wendekreis und kleinen Sommerhütten zu beiden Seiten, die durch einen überdachten Weg verbunden waren. Die Anlage wurde durch einen grasigen Strandhügel vom Ozeanwind abgeschirmt, und im Schatten des Hügels befand sich ein kleines Wäldchen aus Krüppelkiefern. Als Garrett aus dem Wagen stieg und seinen Koffer aus dem Kofferraum zog, hörte er das beruhigende Tosen der Brandung, und nach Süden hin sah er die Mittagssonne hart und silbrig auf der rauen See glitzern.

Er meldete sich an, ein Page trug seinen Koffer zu einem abgelegenen »Cottage«, wie diese Hütten jetzt hießen, und zeigte ihm die Räumlichkeiten. An diesem Freitag im April sei es im Hotel sehr ruhig, erklärte er, nur drei Gäste, und das Restaurant sei bis zum Ferienbeginn nur samstagabends und sonntagmittags geöffnet. Garrett gab ihm fünf Dollar und bat ihn, eine Karaffe Whisky zu bringen. Er machte eine Runde durch das Zimmer und öffnete die Vorhänge, um das klare, helle Licht hereinzulassen. Es gab eine gepflegte Küche mit Herd, Spüle

und Eisschrank, ein Bad, und außer dem Doppel-
bett standen im Zimmer noch zwei Sessel mit
Couchtisch. Die Wände waren weiß und schmuck-
los – bis auf einen alten Kupferstich mit ausge-
mergelten Puritanern, die gerade ein Versteck mit
Maiskolben unter einer Indianerdecke im Gebüsch
entdecken. Hier könnte man leben, dachte Garrett,
bequem und sorglos, alles da, was der Mensch
braucht, und bei der Vorstellung durchfuhr ihn
wieder eine leichte Erregung. Er war froh, hier
abgestiegen zu sein, aber er würde erst zu Hause
anrufen und Bescheid sagen, wenn man ihm den
Whisky gebracht hatte.

Er griff nach dem gestrigen *Globe*, den jemand
auf dem Couchtisch hinterlassen hatte, und las die
Schlagzeilen zu den Bombenangriffen der Nazis
auf London, Hunderte Tote und Verletzte. In
London war er nur ein Mal gewesen, 1932, auf
dem Weg nach Hamburg, als Sean Kavanaugh ihn
nach Deutschland geschickt hatte, um die zwei
Reiner-Hoffmann-Druckmaschinen zu einem
Spottpreis zu kaufen. Mit seinen amerikanischen
Dollars war er dort ein reicher Mann gewesen, er-
innerte er sich, so reich wie in Deutschland hatte
er sich nie wieder gefühlt. Auf der Rückreise hatte
er in London im Hyde Park Hotel übernachtet,
und er fragte sich kurz, ob auch das Hotel von
den Bomben getroffen worden war. Er dachte

63

an das Mädchen, das er damals mit aufs Zimmer genommen hatte. Ein Pfund zehn Schilling hatte sie verlangt. Wie viel war das? Zehn Dollar? Eine ganz Süße – wie hieß sie gleich? Kitty? Mary? Bei Hotelzimmern dachte er immer an Sex, was nicht sonderlich überraschend war, wie er sich in einer kurzen Aufwallung von Scham bewusst wurde: Schon seit einiger Zeit schien sich Sex für ihn nur noch in Hotelzimmern abzuspielen.

Der Whisky kam, er trank ein wenig, bevor er seine Frau in New York anrief, um ihr mitzuteilen, dass sich seine Pläne geändert hätten und er unterwegs übernachten müsse.

»Hast du den Vertrag?«, fragte Laura.

»Wir haben es fast geschafft«, log er. »Nur noch ein paar Kleinigkeiten.«

»Gott sei Dank. Hast du Daddy angerufen?«

»Das mache ich am Wochenende. Er hat sich aus dem Geschäft zurückgezogen, das weißt du doch.«

»Er möchte aber informiert sein, er will nach wie vor …«

»Also, ich mache unterwegs Station. Sag ihm, dass ich länger bleibe, um die Details zu regeln.«

»Wie lange?« Laura konnte den Argwohn in ihrer Stimme nicht verhehlen.

»Ich bin morgen zurück.«

»Wo übernachtest du?«

»Ich weiß noch nicht. Ich rufe von einer Telefon-
zelle an. Irgendwas werde ich finden.«

»Aber nicht so teuer. Wir können uns nicht leis-
ten ...«

»Wie geht's Joanna?«

»Joanna hat wieder Kopfschmerzen. Ich habe den
Arzt gerufen. Sie hat keinen Appetit.«

Garrett hörte sich die verschiedenen Krankheits-
symptome seiner Tochter an, verabschiedete sich
und legte auf. Seine Tochter war achtzehn, und seit
ihrer Geburt schien sie immer an irgendetwas zu
leiden. Wie konnte man so krank sein, ohne dass
ein Arzt eine Ursache dafür fand? Ihre Mutter
machte zu viel Getue um sie, immer dieses un-
nütze und endlose Getue, so etwas musste einen ja
krank machen. Garrett versuchte diese Gedanken
abzublocken – spürte jedoch den Ärger hochkrie-
chen. Er griff nach seinem Hut: Zeit, dem Meer zu
lauschen.

Der Strand war menschenleer. Die Sonne verbarg
sich hinter Wolken – das Licht war grau geworden
und ließ das Seegras auf den Dünen dunkel wie
Moos erscheinen. Der Wind peitschte seine Kra-
watte; er musste sich umdrehen und die Hände eng
um das Streichholz schließen, um seine Zigarette
anzuzünden. Er dachte daran, wie ihm der alte
Mr Foley die Nachricht beigebracht hatte: sehr
schonend, das ließ sich nicht bestreiten, und er

hatte ihm eine Dreimonatsfrist eingeräumt. »Foley und McBride werden den Vertrag nicht verlängern, Garrett, es tut mir sehr leid.«

Garrett starrte mit leerem Blick zum Horizont und versuchte die Auswirkungen auf die Firma abzuschätzen. Seiner Rechnung nach bestand das Geschäft zu siebzig Prozent aus dem Druck von Reiseführern für Foley und McBride – allein von den Reiseführern für Los Angeles hatten sie 30 000 Exemplare geliefert. Fünfzehn Jahre lang waren sie die Druckerei für Foley und McBride gewesen. Es würde zu Entlassungen kommen: Pauly, Tom Reed, Tom Harbinger …

Er hörte ein schrilles, japsendes Kläffen hinter sich, drehte sich um und erblickte einen kleinen weißen Hund mit hochgerecktem Schwanz und einer dicken Fellkrause um den Hals, der an einem Seetanghaufen herumschnüffelte. Die Leine zog er lose hinter sich her. Dann ein Schrei, etwas entfernter. Mit dem Blick folgte er der Biegung des Strandes und entdeckte ein Stück weiter eine Gestalt, die mit beiden Armen winkte und etwas rief. Er hörte nur die Worte »Mister, bitte …«, der Rest wurde vom Wind verschluckt.

Garrett näherte sich dem Hund und hob die Leine auf. Der Hund knurrte und schnappte nach ihm. Was ist das für ein Köter?, dachte er. Ein kleiner weißer Wutbolzen.

Die Gestalt kam näher, sie trug eine rostrote Windjacke und eine halblange beige Leinenhose. Es war eine Frau.

»Vielen, vielen Dank«, sagte sie. Ihr dichtes braunes Haar war zu einem losen Pferdeschwanz gebunden. Sie hatte ein markantes knochiges Gesicht und eine tiefe Stimme, eine Stimme voller Selbstgewissheit – der Selbstgewissheit des Geldes, dachte er, während sie ihm geradezu überschwänglich dafür dankte, dass er ihren garstigen, ungezogenen, verwöhnten kleinen Strolch eingefangen hatte. Als er ihr die Leine reichte, sah er die Goldringe mit den bunten Steinen an ihren Händen. Ihr Alter war schwer zu bestimmen, ein bisschen jünger als er. Nicht so starren.

»Was ist denn das für eine Rasse?«, fragte er.

»Das ist ein Zwergspitz.«

»Ach ja, richtig.«

»Hätten Sie eine Zigarette für mich? Ich würde töten für eine Zigarette!«

Er hielt ihr die Packung hin, sie nahm eine, und beide stellten sich mit dem Rücken zum Wind, um sie anzuzünden, wobei sich ihre Schultern ein- oder zweimal berührten.

Sie musterte ihn lächelnd. »Ich konnte es nicht glauben, als ich einen Mann mit Hut und Dreiteiler am Strand stehen sah. Ist das eine Fata Morgana, dachte ich, eine Erscheinung?«

»Ich wohne in dem Hotel da drüben.«

»Im Pamet? Mein Gott, so weit bin ich gelaufen? Wie sind denn dort die Zimmer?«

Sie gingen zusammen zum Hotel, weil sie telefonieren wollte, um sich aus Truro einen Wagen schicken zu lassen, der sie zurückbringen sollte, wie sie sagte. Ihr garstiges Hündchen heiße Euclid, erklärte sie, obwohl es einen so intelligenten Namen gar nicht verdient habe.

»Ich heiße Garrett Rising«, sagte er und streckte ihr die Hand hin.

Sie schüttelte ihm die Hand. »Anna ...«, sagte sie, zögerte kurz und nannte einen Nachnamen, den er nicht genau verstand. Demonserian? Staufferman? Es kam ihm unhöflich vor nachzufragen, also bot er ihr stattdessen an, sein Zimmertelefon zu benutzen.

Nachdem sie angerufen hatte, lief sie in seinem kleinen Cottage umher und sah sich neugierig um. Sie lachte über den Kupferstich, öffnete den Reißverschluss ihrer Windjacke, zupfte zerstreut ein paar Wollfussel von ihrem cremefarbenen Pullover und ließ sie behutsam in den Papierkorb fallen. Euclid machte es sich auf dem Bettvorleger bequem, vollkommen besänftigt.

»Sie haben hier alles, was ein Mann so braucht«, sagte sie und betrat die Küche.

Außer einer Frau, dachte Garrett automatisch, und

im selben Moment, da ihm das Verlangen nach einer Frau bewusst wurde, begehrte er *diese* Frau, diese hochgewachsene, schöne, selbstbewusste Anna stärker, als er irgendwen oder irgendwas seit Jahren begehrt hatte. Und da sich derlei Gefühle unwillkürlich und instinktiv von Mann zu Frau und von Frau zu Mann zu übertragen scheinen, sah er, wie Anna zögerte, den Eisschrank schloss und sich zu ihm umdrehte. An ihren amüsiert hochgezogenen Brauen, an der kaum wahrnehmbaren Verengung ihrer Augen erkannte er, dass sie seine Gedanken erriet, dass sie die winzige, aber entscheidende Veränderung der Atmosphäre bemerkt hatte. Garrett atmete auf. Sie hatten Signale ausgetauscht, wohl oder übel.

»Darf ich Ihnen einen Drink anbieten?«

Er schenkte zwei Gläser Whisky ein – »Nur den Boden bedeckt«, sagte sie –, und als sie miteinander anstießen, dankte sie ihm noch einmal dafür, dass er Euclid eingefangen hatte. Garrett genoss das Brennen in seiner Kehle, das kleine Feuer in seinem Magen, und davon ermutigt, fragte er, ob er sie zum Dinner einladen dürfe.

»Freitags nie«, sagte sie ungerührt. »Freitagabends fahren wir nach Orleans ins Kino. Komme, was wolle. Oh, da ist mein Wagen!«

»Wir?«, fragte Garrett.

»Mein Mann.« Sie lächelte – ein bisschen schuldbewusst, dachte Jarrett. Als wäre sie so einem kleinen erotischen Abenteuer nicht abgeneigt.

»Aber … er ist verreist. Haben Sie vielen Dank, Mr Rising. Euclid und ich, wir stehen fortan in Ihrer Schuld.« Sie schien sich ein Lachen zu verkneifen. »Komm, Euclid, fahren wir nach Hause.«

»Es war mir ein Vergnügen.«

Garrett schaute ihr nach, während sie den Hund über den Holzsteg zu einem großen glänzenden Packard führte. Der Fahrer öffnete ihr den Wagenschlag, nahm Euclid hoch und setzte ihn auf den Beifahrersitz. Die Frau schaute zurück und winkte, nur eine kurze Handbewegung. Garrett schloss die Tür.

Im Rio, dem Kino von Orleans, lief *Scarlet Autumn*, doch Garrett folgte dem Film nur mit halber Aufmerksamkeit. Seine Gedanken drehten sich um Anna und zwangsläufig auch um die Zukunft der Kavanaugh-Rising Inc. Als die Lichter wieder angingen, blieb er ratlos sitzen, verwundert über die vielen Tränen der Hauptdarstellerin am Ende des Films, und fragte sich, warum das Schicksal so hart mit ihr umgesprungen war. Er erhob sich, setzte den Hut auf und ging langsam den Gang hoch. Anna saß in der letzten Reihe.

»Hi«, sagte er.

»Fahren Sie mich nach Hause?«

Im Auto – sie passierten gerade Wellfleet –,

streckte sie die Hand aus und ertastete die harte Wölbung seines Penis durch die Flanellhose.

»Gut«, sagte sie. »Dacht ich mir.«

Als er aufwachte, sah er eine große, zitronen-gelbe Raute an der Wand. Es war die Sonne, die ihn blendete; als wäre er in einer anderen Welt gelandet, in der es nur Licht und leere Wände gab. Dann stellte er fest, dass die Vorhänge geöffnet waren und die tief stehende Morgensonne den Raum durchflutete. Er richtete sich auf und sah Anna. Sie schlüpfte flink in ihren Rock und zog den Reißverschluss hoch.

»Guten Morgen«, sagte er. »Wie spät ist es?«

»Noch früh.«

»Komm zurück ins Bett.«

»Ich muss los.«

Er zog sich schnell an, und sie liefen zusammen durch die Dünen zum Strand. Sie streifte ihre Schuhe ab und drehte sich zu ihm um.

»Ich bin im Nu zu Hause«, sagte sie. »Danke, Garrett.«

Er küsste sie, und sie stieß ihm die Zunge tief in den Mund, drückte ihn fest an sich. Dann vergrub sie das Gesicht an seinem Hals, und er hörte sie tief einatmen, als wollte sie seinen Geruch in sich aufsaugen. »Es war nett«, sagte sie leise zu seinem Kragen. »Mein Gott, was für ein Wort.«

»Wann sehe ich dich wieder?«

»Das ist verrückt.« Sie boxte ihn sanft gegen den Arm. »Nein, nein, nein. Das würde zu kompliziert. Es ist aus – wir hatten unser Abenteuer.«

Sie verschloss seine Lippen mit zwei Fingern, damit er nichts erwiderte, drehte sich weg und ging, ohne sich umzusehen, am Strand entlang nach – wohin? – Truro, hatte sie gesagt. Kann kein großer Ort sein, Truro, dachte er. Kinderspiel, dich da zu finden.

Tom Harbinger hielt ihm die frischen Druckbögen hin. Garrett starrte über die Straße in ein Büro, wo eine Sekretärin hinter dem Fenster zu sehen war. Die schräge Sommersonne malte ein leuchtend grünes Viereck auf die dunkelgrüne Wand und bestrahlte das Mädchen, das telefonierte. Sieht ein bisschen wie Anna aus, dachte er, jünger, kürzeres Haar, aber ein ähnlich kantiges Gesicht mit hohen Wangenknochen. Er sah Anna vor sich, wie sie den Hörer unters Kinn geklemmt hielt und mit den Ringen an ihren Fingern spielte, als sie ihren Wagen bestellte. Sie –

»Was meinst du?«, fragte Tom Harbinger. »He, Garrett!«

»Was? Klar doch. Sehen prima aus.«

Er unterschrieb den Laufzettel, und Tom nahm die Bögen mit. Komisch, wie es manchmal kommt, sinnierte Garrett – vielleicht schon zum tausendsten Mal. Wir verlieren Foley und McBride, und eine Woche später gewinnen wir Trans-American Airlines. Er hatte sich verloren geglaubt und war gerettet worden. Wohl wahr, Flugpläne waren nicht so interessant wie Reiseführer, aber sei's drum. Er war Drucker – und neue Flugpläne wurden viermal im Jahr gebraucht.

Er ging in sein Büro und rief Laura an. Der Doktor sei der Meinung, Joanna leide an Neurasthenie, erklärte sie, und er habe ihr eine Klinik empfohlen. Natürlich, sagte er, egal, was es kostet. Die Trans-American Airlines hatten ihn saniert. Plötzlich stand ihm das Bild von Anna vor Augen, wie sie ihren bh fallen ließ, um ihre weißen spitzen Brüste zu entblößen, und er bekam weiche Knie. Diese Bilder erschienen völlig überraschend und mit absoluter Klarheit, wie Erinnerungen an etwas, was gestern Nacht passiert war. Seit vier Monaten schon, und es war kein Tag, keine Stunde vergangen, ohne dass er an sie gedacht hatte.

Hör zu, Laura, sagte er, ich muss heute noch mal nach Boston. Aber es ist doch Freitag. Ich weiß, ich weiß. Der alte Foley hat angerufen – er will mich dringend sprechen –, wer weiß, vielleicht gibt er mir die Reiseführer zurück. Sag ihm, er soll sie sich sonst wo hinstecken, rief Laura mit Vehemenz. Nein, ich muss zu ihm fahren, sagte Garrett. Wir waren fünfzehn Jahre Geschäftspartner und so weiter, das bin ich ihm schuldig. Du bist ein Schwächling, Garrett, sagte sie. Klar, antwortete er. Ein Schwächling, wie er im Buche steht.

Der Film, den sie im Rio zeigten, hieß *The Golden Stranger*, in den Hauptrollen Dalton Paul und Jayne Callot. Garrett war zu früh gekommen, eine Weile war er mit der gelangweilten Platzanweiserin allein im Saal. Langsam füllten sich die Reihen, und schließlich gingen die Lichter aus. Er hatte den Eingang gut im Blick, aber Anna hatte er nicht kommen sehen. Als der Film begann, überlegte er zu gehen, und ihn belustigte seine Annahme, eine Frau wie Anna würde jeden Freitagabend ins Kino gehen wie eine gewöhnliche Hausfrau. Er hatte kein Zimmer im Pamet Inn bekommen und eine Art Gasthof in Orleans gefunden, der einfach war, aber sauber. Doch konnte er tatsächlich eine Frau dorthin mitnehmen? Eine Frau wie Anna? Lächerlich, dachte er und versuchte, sich auf den Film zu konzentrieren, aber er hatte den Faden verloren, und der Mann, den er für den Schurken hielt, entpuppte sich als der Gute.

Als er aus der Herrentoilette kam, sah er sie in der Lobby stehen, eine Zigarette rauchen. Draußen regnete es, kirschrote Tropfen rannen im Lichtkreis der Neonreklame an den Scheiben herab. Sie trug einen leichten Mantel und offenes Haar. Es ist kürzer als beim letzten Mal, dachte er, als er von hinten an sie herantrat und sie sanft am Ellbogen berührte.

»Hi.«

Sie drehte sich um, doch nach dem kurzen Aufblitzen freudiger Überraschung wurde ihr Blick hart und ängstlich.

»Was machst du hier? Um Gottes willen!«

Er sprach leise, mit ausdrucksloser Miene. »Ich musste dich sehen. Ich werde sonst verrückt. Ich muss die ganze Zeit an dich denken.« Er lächelte. »Es ist zum Heulen. Die ganze Zeit, den ganzen Tag denke ich an dich. Ich kann nicht anders.«

Sie senkte den Blick und antwortete ebenso leise. »Ich weiß«, sagte sie. »Mir geht es genauso.« Dann blickte sie auf und lächelte falsch. »He, Schatz«, rief sie. »Schau mal, wer hier ist.«

Garrett drehte sich um und sah den Mann, der im Pissoir neben ihm gestanden hatte. Ein großer gebeugter Herr mit Glatzkopf und schlaffem Gesicht, der zwanzig Jahre älter aussah als Anna.

»Das ist Mr Rising – er hat Euclid gerettet.«

»Der Himmel möge Sie strafen«, sagte der Glatzkopf mit einem Grinsen, das sein makelloses Gebiss entblößte. »Ich kann das Vieh nicht ausstehen.«

»Charlie, sei nicht so grausam. Du liebst Euclid, und das weißt du.«

»Wie mein eigen Fleisch und Blut. Wohnen Sie in Orleans, Mr Rising?«

»Ich bin nur auf Besuch.«

»Wechseln Sie die Straßenseite, wenn Sie Euclid das nächste Mal begegnen. Dafür wäre ich Ihnen sehr verbunden. Ich hole den Wagen, Liebling. War nett, Sie zu treffen.«

Sie schüttelten sich die Hand, und Charlie, der Gatte, verschwand.

Anna sah aus, als wollte sie in Tränen ausbrechen.

»Du bist verrückt! Was soll das werden? Was denkst du dir dabei?«

»Komm nach New York«, sagte er, zog eine Visitenkarte heraus und schrieb etwas auf die Rückseite. »Mein Büro ist Downtown, Greene Street. Im Hamilton Hotel Sixth Avenue Ecke Houston ist ein Zimmer für dich gebucht. Für einen Monat. Komm nach New York und ruf mich an.«

»Nein.«

»Wir müssen uns wiedersehen. Wenigstens ein Mal.«

»Nein. Geh weg. Es ist vorbei.«

»Wenigstens ein Mal.«

Draußen vor dem Kino hupte es. Sie warf ihm einen wütenden, gehetzten, resignierten Blick zu und ging.

Nachdem sie miteinander geschlafen hatten, zog Garrett Hemd und Hose an und machte eine Bestellung beim Zimmerservice: zwei Club-Sandwiches und zwei Bier. Als er das Tablett an der Tür entgegennahm, ignorierte er das dreckige Grinsen des Pagen.

Sie aßen ihre Sandwiches und sprachen darüber, was sie füreinander empfanden und wie der Tag ihrer Begegnung am Strand ihr Leben verändert hatte.

»Schicksal«, sagte sie.

»Euclid«, sagte er, und sie mussten beide lachen.

»Es ist aussichtslos«, sagte sie nach einer Weile. »Ich kann ihn nicht verlassen.«

»Und ich kann *sie* nicht verlassen.«

»Siehst du. Es ist aussichtslos.«

»Wir können uns hier treffen.«

»Und das nennst du Leben?«

»Besser, als sich gar nicht zu treffen.«

»Aber das ist doch sinnlos!«

»Und welchen Sinn gibt es sonst? Wir sehen uns, alles andere ist unwichtig.«

Sie stieß einen kleinen Schrei der Verzweiflung aus und drehte sich weg, das Gesicht zur Wand. Garrett starrte die Wand an. Die Tapete zeigte Ritter auf Streitrössern, Wimpel flatterten an ihren hochgereckten Lanzen. Das Bier hinterließ einen schalen Geschmack in seinem Mund. Vielleicht konnten sie ins Ausland fahren, sich für ein paar Tage wegstehlen – sich etwas ausdenken, um länger zu bleiben, sich gemeinsam durchschlagen.

Kurze Momente waren jedenfalls besser als gar nichts, und der Gedanke, sie nicht wiederzusehen, war schlimmer als der Tod. Er spürte, dass ihre Hand nach ihm tastete, und er ergriff sie.

»Wir müssen etwas tun«, sagte sie.

»Das werden wir«, sagte er. »Versprochen.«

»Was denn?«

Es hob seine Stimmung, dass sie nun offenbar bereit war, es mit ihm zu versuchen, dieses Leben der kurzen Momente – der Momente im Glück.

»Ich denke mir was aus.«

»Und was?«

»Ich weiß es nicht«, sagte er und starrte auf die Ritter mit den Lanzen. »Ich weiß es nicht.«

Raymond Carver

Hummingbird

Für Tess

Angenommen, ich sage *Sommer*,
schreibe das Wort »hummingbird«,
tue den Zettel in einen Umschlag
und trage ihn den Hügel hinunter
zur Mailbox. Wenn du meinen Brief
öffnest, wirst du dich erinnern –
an diese Tage und daran, wie sehr,
einfach wie sehr ich dich liebe.

Rainer Maria Rilke

Du musst das Leben nicht verstehen

Du musst das Leben nicht verstehen,
dann wird es werden wie ein Fest.
Und lass dir jeden Tag geschehen
so wie ein Kind im Weitergehen
von jedem Wehen
sich viele Blüten schenken lässt.

Sie aufzusammeln und zu sparen,
das kommt dem Kind nicht in den Sinn.
Es löst sie leise aus den Haaren,
drin sie so gern gefangen waren,
und hält den lieben jungen Jahren
nach neuen seine Hände hin.

E. M. Forster

Der Felsen

Wir hatten eine Zeit lang geplaudert, und sie war so nett und voller Verständnis, dass ich es schließlich wagte, mich nach ihrem Namen zu erkundigen.

»Haben Sie ihm je eine Frage gestellt?«, wollte sie im Gegenzug wissen. »Ich will doch sehr hoffen«, fügte sie hinzu, als sie bemerkte, dass ich zögerte.

»Ich bin vorigen Monat runtergefahren, um ihn zu besuchen. Wir haben eine Segeltour gemacht.«

»Hat er Ihnen etwas berechnet?«

»Ich habe ihm ein wenig Geld gegeben.«

»Und ich nehme an, Sie haben auch mit den Leuten gesprochen?«

»Die Aufregung hat sich gelegt. Sie nehmen es ihm nicht länger übel. Ich möchte nicht behaupten, dass sie es verstehen, denn dies könnte wohl niemand, aber sie haben ihn akzeptiert.«

»Ich hatte es gehofft«, sagte sie ernst. »Es sind ja einfache und geradlinige Leute, und eines Tages wird er einer der ihren sein. Haben Sie den Felsen gesehen?«

Der Nordküste von Cornwall ist ein hohes und bizarres Gebirge vorgelagert, das sich eine halbe Meile ins Meer hinein erstreckt. An manchen Stellen wird es von mächtigen, vom Wasser abgeschliffenen Felsen überragt, an anderen Stellen ist sein Kamm so schmal, dass man auf beiden Seiten das Wasser sehen kann, wie es an die schwarzen, glänzend polierten Klippen brandet. Dahinter liegen weit gestreckte Moore voller Hügelgräber und Steinkreise sowie Schlote aufgegebener Bergwerke. Nicht weit davon entfernt erstreckt sich, den Einschnitten des Kliffs folgend, ein fruchtbarer Streifen Bauernland. Und dicht unterhalb des Vorgebirges selbst liegt ein kleines Fischerdorf, sodass man viele Formen kultivierten Landes, teils fruchtbar, teils unfruchtbar, mit einem einzigen Blick umfassen kann.

Der Felsen, von dem sie sprach, ist kaum zu sehen, da er sehr tief im Wasser liegt. Er befindet sich etwa zweihundert Meter von der äußersten Landspitze entfernt und ähnelt einem quadratischen schwarzen Schreibpult mit einem Gefälle zum Land hin. Eine Welle bricht sich an der hohen Kante, schäumt die Schräge hinunter, um schließlich in dem Blau ringsherum aufzugehen und sich dann doch wieder am Fuß des Vorgebirges zu brechen. Eines Tages während ihrer Ferien segelte er zu nahe an diesen Felsen heran, kenterte und wurde auf ihn hinaufgespült. Dort lag er, mit dem Gesicht nach unten, und die steigende Flut schlug über ihm zusammen. Sie selbst befand sich auf der Landzunge und rannte in das Dorf, um Hilfe zu holen. Ein Boot stach sofort in See. Sie ruderten entschlossen – es waren prächtige Burschen –, und sie erreichten ihn gerade in dem Augenblick, als seine Hände erlahmten und er mit dem Kopf voran in den Tod glitt. Soweit ist es uns allen bekannt, und es war der Wendepunkt seines Lebens. Aber in seiner Lebensgeschichte ist es nicht der Wendepunkt.

Sie begann zu sprechen, wartete aber einen Augenblick, damit das Mädchen den Tee forträumen konnte. In dem schwindenden Licht machte ihr Zimmer einen zugleich freundlichen und düster-trüben Eindruck, und es hing ein Duft (ich sage nicht »der Duft«) von römischem Katholizismus in ihm, der ganz gewiss zu den reizvollsten Dingen der Welt gehört. Es war das Zimmer einer Frau, die sich Zeit genommen hatte, sowohl gut zu sich selbst als auch zu anderen zu sein, die geistige und weltliche Erkenntnisse in sich hatte reifen lassen und die eine geheimnisvolle Tragödie nicht nur geduldig, sondern auch freudig erlitten hatte.

»Als er an Land kam«, erzählte sie, »wollte er ihnen nicht einmal die Hand schütteln. Er sagte dauernd: ›Ich weiß nicht, was ich tun soll. Ich kann nicht denken. Ich werde zurückkommen‹, und sie erwiderten: ›Oh, das geht schon in Ordnung, Sir.‹ … Sie können sich die Szene sicherlich vorstellen, und es dauerte bis zum Abend, bis ich mir darüber klar wurde, dass er Probleme hatte. Und Sie – wie viel würden Sie denn für Ihr Leben zahlen?«

Ich starrte sie bestürzt an.

»Ich wünsche Ihnen, dass Sie diese Frage niemals beantworten müssen. Mögen Sie stets einen Anspruch auf Ihr Leben haben. So wie die meisten von uns. Aber hin und wieder wird ein Leben gerettet – so wie jemand eine Vase vor dem Zerbrechen rettet –, und dann muss der Eigentümer darüber nachdenken, was sie wert ist.«

»Gibt es dort unten denn nicht irgendeinen Tarif für Lebensrettungen?«, fragte ich eine Spur gereizt, und mein Geist weigerte sich zu verstehen.

»Bei ruhigem Wetter – es war sehr ruhig an jenem Tag, und sie liefen nicht die geringste Gefahr – scheint der Tarif bei fünfzehn Schilling je Lebensretter zu liegen. Für zwei Pfund und fünf Schilling hätte sich mein Mann aller Verpflichtungen entledigen können. Doch wir hatten alle beide das Gefühl, zwei Pfund und fünf Schilling seien nicht genug. Am nächsten Morgen fuhren wir ab und machten eine Menge Versprechungen. Ich bin der Meinung, sie glaubten uns zu dem Zeitpunkt noch, aber ich bin mir nicht sicher.«

Sie schwieg einen Augenblick lang, und ich traute

mich zu sagen: »Aber eine Summe, die für die Leute viel Geld war – darauf kam es doch an. Man muss diese Frage schließlich ganz pragmatisch sehen.«

»Genau das sagten auch alle unsere Freunde. Einer schlug hundert Pfund vor, ein anderer meinte, wir sollten ihnen ein neues Boot schenken, wir sollten jedem Mann ein wollenes Halstuch stricken. Sie sehen, es gibt nicht nur pragmatische Fragen. Jede Frage hat ihren Ursprung im Unendlichen, und bevor Sie das nicht akzeptieren, können Sie sie auch nicht beantworten.«

»Aber was schlugen Sie denn vor?«

»Ich schlug vor, diese Rechnung nach eigenem Gutdünken zu begleichen und ihm die Quittung niemals zu zeigen. Er weigerte sich jedoch, und ich glaube, er hatte recht. Zumindest weiß ich nicht, was ich selbst getan hätte.«

»Aber was wollten diese drei Männer denn?«, fragte ich beharrlich. »Sie müssen doch zugeben, dass es in erster Linie darauf ankommt.«

»Sie wären mit allem einverstanden gewesen: Es mangelte Ihnen an nichts. Bevor wir Touristen kamen, waren sie glücklich und unabhängig. Wir lehrten sie die Gier nach Geld – Geld, das man dafür erhält, eine halbe Meile in ruhiger See zu rudern. Der Pfarrer, mit dem wir damals in Briefkontakt standen, bat uns inständig, uns zu beeilen. Er schrieb, das ganze Dorf sei unruhig und habgierig, und die Männer träten als große Helden auf. Und hier waren wir und empfanden die Welt mit jedem Tag herrlicher, die Luft köstlicher, die Musik betörender, die Vögel, den Himmel, die Sonne – empfanden alles und jedes verwandelt, weil er gerettet worden war. Und unsere Liebe – wir waren seit fünf Jahren verheiratet, aber mit einem Mal schien es niemals zuvor Liebe gewesen zu sein. Können Sie mir sagen, was all dies wert ist?«

Ich schwieg. Ich sagte mir, diese Dinge seien fließend, körperlos, der Veränderung unterworfen. Aber tief in meinem Innern wusste ich, dass diese Frau und alles, was sie sagte ein Felsen inmitten fließenden Wassers war.

»Eine Zeit lang war er an dem Problem bloß am Rande interessiert. Es amüsierte ihn eher, genauso wie die Gefühle, die es in ihm hervorrief. Aber schließlich war er nur noch an seiner Lösung interessiert. Eines Abends in diesem kleinen Zimmer glaubte er, sie gefunden zu haben, als ein Sonnenuntergang, der noch prächtiger war als der heutige, hinter diesem Bergrücken dort aufflammte. Er fragte mich, so wie ich Sie fragte, wie viel solche Dinge wert seien und beantwortete die Frage selbst: ›Nichts! Und eine Belohnung für die Männer, die mich gerettet haben, wird es nicht geben.‹ Ich sagte: ›Es ist die einzig mögliche Lösung. Aber sie werden sie niemals verstehen.‹ ›Ich werde es ihnen mit der

Zeit verständlicher machen‹, sagte er, ›denn mein Geschenk, das aus nichts besteht, soll alles beinhalten, was ich besitze auf der Welt.‹«

Und wieder wird diese Geschichte Allgemeingut. Er verkaufte seine Habe – alles – jede geliebte Kleinigkeit, die er besaß – und gab den Erlös den Armen. Etwas Geld wurde auf seine Frau überschrieben, aber das Übrige gab er weg. Dann ging er völlig mittellos in dieses Dorf hinunter und bat seine Retter um ein Almosen.

Er muss schrecklich gelitten haben: Ihre ganze Enttäuschung, ihre Kleinlichkeit und Grausamkeit kamen plötzlich zum Vorschein. Sie bedeckte ihr Gesicht mit den Händen, als sie davon sprach. Ich war froh, ihr sagen zu können, dass diese Phase vorüber war: Sie waren dazu übergegangen, ihn als einen Verrückten zu behandeln, später dann als einen guten Kumpel, und inzwischen arbeitete er für einen von ihnen. Als ich ging, sagte ich: »Keiner außer Ihnen wird all dies jemals verstehen.« Ihre Augen jedoch füllten sich mit Tränen, und sie rief: »Bitte. Ich bitte Sie – loben Sie mich nicht dafür. Denn wenn ich nicht verstanden hätte, säße er jetzt vielleicht zusammen mit uns hier.«

Diese Unterhaltung lehrte mich, dass einige von uns der Wahrheit auf dieser Seite des Grabes begegnen können. Ich beneide sie nicht. Solche Abenteuer mögen der von ihrer körperlichen Hülle befreiten

Seele nützen, aber solange noch ein Funke Leben in mir ist, bete ich darum, dass mich meine Schwerfälligkeit davor bewahren möge. Unsere niedere Natur hat ihre Räume. In dem meinigen kommt ein gewisser Bauernhof vor, in einer windigen, aber fruchtbaren Ecke auf halbem Wege zwischen dem öden Moorland und der unwirtlichen See. Zu ihm würde sie ab und zu hinuntergehen, und er hinaufsteigen, um ihre seelische Gemeinschaft durch eine einzige Liebkosung zu zerstören.

Anton Tschechow

Erzählungen der Frau N. N.

Vor neun Jahren, um die Zeit der Heuernte, ritt ich eines Abends mit Pjotr Sergejewitsch, der damals Hilfsuntersuchungsrichter war, zur Bahnstation, um die Post zu holen. Das Wetter war herrlich, aber auf dem Rückweg hörten wir plötzlich fernes Donnergrollen und sahen eine böse schwarze Wolke, die direkt auf uns zuzog. Die Wolke näherte sich uns, und wir ritten ihr entgegen. Vor diesem dunklen Hintergrund hoben sich unser weißes Haus, die weiße Kirche und die silbernen Pappeln grell ab. Es roch nach Regen und frisch gemähtem Gras. Mein Begleiter war besonders gut aufgelegt. Er lachte viel und redete lauter Unsinn. Er sagte, dass es gut wäre, wenn wir unterwegs auf ein mittelalterliches Schloss mit Zinnen und Türmen stießen, wo alles von Moos überwuchert wäre und Eulen hausten, und uns darin vor dem Regen verstecken könnten, und wenn uns schließlich ein Blitz träfe ...

Da lief aber schon die erste Welle über das Korn und den Hafer, und ein heftiger Windstoß hob eine Staubwolke in die Luft und ließ sie kreisen. Pjotr

Sergejewitsch lachte und gab seinem Pferd die Sporen. »Wie schön!«, rief er aus. »Wie wunderschön!«

Er hatte mich mit seiner fröhlichen Stimmung angesteckt. Ich dachte daran, dass ich gleich nass bis auf die Knochen werden würde oder auch vom Blitz getroffen werden könnte, und fing wie er an zu lachen. Dieser Sturm und der schnelle Ritt gegen den Wind raubten mir den Atem. Ich fühlte mich wie ein Vogel, und meine Brust hob und senkte sich in höchster Erregung. Als wir unseren Hof erreichten, hatte sich der Wind bereits gelegt, und große, schwere Regentropfen prasselten auf den Rasen und auf die Dächer nieder. In der Nähe der Stallungen war kein Mensch zu sehen.

Pjotr Sergejewitsch zäumte eigenhändig beide Pferde ab und brachte sie in den Stall. Ich stand indessen an der Schwelle und sah auf die schrägen Regenstreifen. Der süßliche, aufregende Heuduft war hier stärker als draußen auf dem Feld; die Wolken und der Regen dämpften das Tageslicht, und alles sah wie in der Dämmerung aus.

»Das war ein Schlag!«, sagte Pjotr Sergejewitsch, nach einem sehr starken, dröhnenden Donnerschlag auf mich zugehend. Es krachte, als ob der Himmel in Stücke ginge. »Das war doch schön?«

Er stand neben mir auf der Schwelle, immer noch keuchend nach dem raschen Ritt, und sah mich an. Ich spürte, dass er mich bewunderte.

»Natalia Wladimirowna«, sagte er, »ich würde alles hingeben, nur um immer so stehen und auf Sie schauen zu dürfen. Sie sind heute so schön.«

Er blickte mich flehend und entzückt an, sein Gesicht war blass, in seinem Bart glänzten Regentropfen, und es kam mir so vor, als ob auch sie mich mit Liebe ansähen.

»Ich liebe Sie«, sagte er. »Ich liebe Sie und bin glücklich, dass ich Sie sehe. Ich weiß, dass Sie nicht die meinige werden können, aber ich will nichts, und ich brauche nichts. Ich will nur, dass Sie wissen, wie sehr ich Sie liebe. Schweigen Sie, sagen Sie nichts, schenken Sie mir keine Beachtung; aber fühlen Sie, wie teuer Sie mir sind, und lassen Sie mich Sie anschauen.«

Seine Erregung ergriff auch mich. Ich sah sein begeistertes Gesicht, ich hörte seine Stimme, die sich mit dem Rauschen des Regens vermengte, und stand regungslos und wie bezaubert da. Ich wollte immer nur diese glänzenden Augen sehen und seine Stimme hören.

»Sie schweigen, und das ist schön!«, sagte Pjotr Sergejewitsch. »Bleiben Sie so!«

Mir war so wohl zumute. Ich lachte vor Vergnügen und rannte durch den Regen nach Hause; auch er lachte und lief mir hüpfend nach. Wir stürzten beide, wie Kinder polternd, durchnässt und atemlos ins Zimmer. Mein Vater und mein Bruder, die nicht gewohnt waren, mich lachend und ausgelassen zu sehen, sahen mich erstaunt an und begannen gleichfalls zu lachen.

Die Gewitterwolken verzogen sich, der letzte Donner war verhallt, aber in Pjotr Sergejewitschs Bart glänzten noch immer Regentropfen. Er sang und pfiff den ganzen Abend bis zum Abendbrot, spielte mit unserem Hund und jagte ihm so wild von Zimmer zu Zimmer nach, dass er beinahe den Diener, der den Samowar brachte, umgeworfen hätte. Beim Abendbrot aß er sehr viel, redete Unsinn und behauptete, dass man, wenn man im Winter eine frische Gurke esse, den Duft des Frühlings im Munde habe.

Als ich vor dem Schlafengehen das Licht anzündete und mein Schlafzimmerfenster weit öffnete, überkam mich ein eigentümliches, unbestimmtes Gefühl. Ich dachte daran, dass ich frei, gesund, vornehm und reich war, dass ich geliebt wurde; doch vor allen Dingen, dass ich vornehm und reich war; vornehm und reich, mein Gott, wie schön war das! Und als ich nachher im Bett lag und ob der nächtlichen Kühle, die aus dem Garten in mein Zimmer drang, leicht zitterte, fragte ich mich, ob ich Pjotr Sergejewitsch liebte oder nicht. Ich konnte mir keine Rechenschaft darüber abgeben und schlief schließlich ein.

Als ich am nächsten Morgen die zitternden Sonnenflecken und die Schatten der Lindenzweige auf meinem Bett sah, lebte in meiner Erinnerung alles von Neuem auf, was am Tag zuvor vorgefallen war. Das Leben erschien mir so reich, bunt und voller Reize. Ich kleidete mich, immer vor mich hin trällernd, an und lief in den Garten ...

Was weiter geschah? Nichts. Im Winter, als wir wieder in der Stadt wohnten, besuchte uns Pjotr Sergejewitsch sehr selten. Leute, die man auf dem Land kennengelernt hat, haben nur im Sommer und auf dem Land ihren Reiz; im Winter und in der Stadt verlieren sie die Hälfte ihrer Anziehungskraft. Wenn sie bei uns in der Stadt am Teetisch sitzen, scheint es uns immer, dass sie viel zu weite Röcke anhaben und ihren Tee viel zu lange umrühren. Pjotr Sergejewitsch sprach auch in der Stadt zuweilen von seiner Liebe, es klang aber ganz anders als auf dem Land. In der Stadt fühlten wir viel deutlicher die Mauer, die uns voneinander trennte: Ich war reich und vornehm und er arm, bürgerlicher Herkunft, Sohn eines Küsters und nur Hilfsuntersuchungsrichter. Wir beide – ich, weil ich jung war, und er, ich weiß nicht, warum – hielten diese Mauer für stark und unüberwindlich. Wenn er uns in der Stadt besuchte, lächelte er gezwungen und kritisierte die vornehme Welt oder schwieg, wenn sonst jemand im Zimmer war. Es gibt keine Mauer, die nicht zu durchbrechen ist, aber die Romanhelden von heute sind, soweit ich sie kenne, viel zu schüchtern, schwächlich, träge und ängstlich. Sie finden sich viel zu leicht und viel zu schnell mit dem Gedanken ab, dass sie Pechvögel sind und das Leben sie betrogen hat. Statt zu kämpfen, kritisieren sie alles, finden die ganze Welt banal und merken dabei gar nicht, dass auch ihre Kritik allmählich zu einer Banalität ausartet.

Ich wurde geliebt, das Glück war so nahe, dass ich es mit meiner Schulter berührte. Ich lebte vergnügt in den Tag hinein und versuchte gar nicht, mir Rechenschaft darüber abzulegen, was ich von der Zukunft erwartete und vom Leben verlangte; und die Zeit ging dahin … Menschen zogen mit ihrer Liebe an mir vorbei, heitere Tage und warme Nächte lösten einander ab, Nachtigallen schlugen, das frisch gemähte Gras duftete, und all das Liebe, das mir in der Erinnerung später so erstaunlich erschien, glitt schnell, spurlos und von mir missachtet vorüber und zerschmolz wie ein Nebel … Wo ist es nun alles geblieben? Mein Vater starb, und ich wurde älter. Alles, was mich bezauberte, was mich zärtlich umfing und mit Hoffnung erfüllte, ist zu einer bloßen Erinnerung geworden, und ich sehe nichts als eine gleichförmige, öde Steppe vor mir; in der Steppe ist keine Menschenseele, und am Horizont ist es so schrecklich und finster …

Da klingelt es wieder. Es ist Pjotr Sergejewitsch. Wenn ich im Winter die Bäume sehe und daran denke, wie sie im Sommer für mich grünten, so flüstere ich: »Ihr, meine Lieben ...« Und wenn ich Menschen sehe, mit denen ich meinen Frühling verbracht habe, wird mir traurig und warm ums Herz, und ich flüstere dasselbe. Pjotr Sergejewitsch ist, dank der Verwendung meines Vaters, schon längst in die Stadt versetzt worden. Er ist etwas gealtert und abgemagert. Er macht mir keine Liebeserklärungen mehr, spricht keine Dummheiten, verachtet seine Amtstätigkeit, hat irgendein Leiden, ist vom Leben enttäuscht und lebt ohne jede Lust dahin. Er setzte sich an den Kamin und blickte schweigend ins Feuer. Ich wusste nicht, was ich sagen sollte, und fragte: »Nun, was gibt's?«

»Nichts Besonderes«, erwiderte er.

Wir schwiegen wieder. Der rote Widerschein vom Kamin zitterte auf seinem traurigen Gesicht. Mir kam wieder alles Vergangene in den Sinn, meine Schultern begannen zu beben, mein Kopf fiel auf die Brust, und ich brach in Tränen aus. Ich fühlte tiefes Mitleid mit mir selbst und mit diesem Menschen, und ich sehnte mich so leidenschaftlich nach allem, was vergangen war und was uns das Leben nicht mehr zu geben vermochte. Und ich dachte nicht mehr daran, dass ich reich und vornehm war. Ich schluchzte laut, presste mir die Schläfen zusammen und flüsterte: »Mein Gott, mein Gott, wie ist doch mein Leben zugrunde gerichtet ...«

Und er saß schweigend da und sagte nicht: »Weinen Sie nicht.« Er fühlte, dass die Zeit gekommen war, da man weinen musste. Ich las es in seinen Augen, dass er Mitleid mit mir hatte; und auch er tat mir leid, und ich ärgerte mich zugleich über diesen schüchternen Unglücksmenschen, der weder mein noch sein Leben hatte einzurichten verstanden.

Als wir uns im Vorzimmer verabschiedeten, brauchte er auffallend viel Zeit, um seinen Pelzmantel anzuziehen. Er küsste mir zweimal stumm die Hand und sah lange in mein verweintes Gesicht. Ich glaube, dass er in diesen Augenblicken an das Gewitter, an die Regenstreifen, an unser Lachen und mein Gesicht von damals dachte. Er wollte mir offenbar etwas sagen, sagte aber nichts, sondern schüttelte nur den Kopf und drückte mir fest die Hand. Gott mit ihm!

Nachdem ich ihn hinausbegleitet hatte, kehrte ich in mein Boudoir zurück und setzte mich auf den Teppich vor den Kamin. Die rote Kohlenglut war mit Asche überzogen und verglomm. Der Frost klopfte noch wütender an die Fensterscheiben, und der Wind im Schornstein sang sein Lied. Das Dienstmädchen kam herein. Sie glaubte, dass ich eingeschlafen sei, und rief: »Gnädiges Fräulein ...«

Olga Tokarczuk

Die grünen Kinder

oder

Eine Beschreibung
seltsamer Begebenheiten in Wolhynien,
verfertigt von William Davisson,
dem Medicus Seiner Königlichen Majestät
Johann Kasimir

Diese Ereignisse trugen sich im Frühjahr und im Sommer 1656 zu, als ich ein weiteres Jahr in Polen weilte. Einige Lenze zuvor war ich ins Land gekommen, eingeladen von Maria Luisa Gonzaga, der Gemahlin des polnischen Königs Johann Kasimir. Als königlicher Medicus und als Verwalter der königlichen Gärten sollte ich tätig werden. Die Einladung einer solch ehrwürdigen Persönlichkeit konnte ich nicht ablehnen, auch gaben gewisse private Umstände ihr Teil dazu, von welchen zu sprechen an dieser Stelle jedoch nicht nötig ist.

Auf meiner Reise nach Polen empfand ich durchaus ein Unbehagen. Ich kannte dieses Land nicht, das so weit entfernt lag von der mir bekannten Welt. Ich sah mich als einen Ex-Zentriker an, einen Menschen, der sein Zentrum verlässt, in dessen Bannkreis er weiß, was er zu gewärtigen hat. Es war mir bange vor den fremden Sitten, dem hochwilden Temperament der Völker des Ostens und des Nordens, vor allem aber machte ich mir Sorgen ob der unvorhersehbaren Witterung, der Kälte, der Feuchtigkeit. Nur zu gut war mir das Schicksal meines Freundes René Descartes im Gedächtnis, der einige Jahre zuvor auf Einladung der Königin von Schweden zu deren kalten Palästen im fernen Stockholm aufgebrochen war, wo er sich eine Erkältung zuzog und in der Blüte seiner Jahre und seiner Geisteskräfte verstarb. Welch ein Verlust für die gesamte Gelehrtheit! In der Befürchtung, ein ähnliches Los zu erleiden, brachte ich aus Frankreich einige der besten Pelze mit, doch im ersten Winter schon sollte sich zeigen, dass sie zu dünn und zu fein waren für das Wetter. Der König, mit dem mich rasch eine aufrichtige Freundschaft verband, schenkte mir einen Wolfspelz, der bis zu den Fußknöcheln reichte. In diesen Pelz hüllte ich mich von Oktober bis April. Auch während der Reiseunternehmung, die ich hier beschreiben möchte – im März fand sie statt –, habe ich ihn getragen. Denn wisse, werter Leser, dass die Winter in Polen, wie überall im Norden, sehr streng sein können –

imaginiere Dir, dass dann der Weg nach Schweden über das wie Stein gefrorene Mare Balticum führt, und auf vielen vereisten Teichen und Flüsschen hält man zum Karneval Jahrmärkte ab. Da die Winterzeit, in der die Pflanzen unter einer Schneedecke verborgen liegen, lange währt in diesen Breiten, bleiben dem Botaniker nur wenige Monate für seine Forschungen. So widmete ich mich, *nolens volens*, den Menschen.

Ich heiße William Davisson, Schotte bin ich, zu Aberdeen geboren, doch viele Jahre brachte ich in Frankreich zu, wo die Stellung des königlichen Botanikers meinen Werdegang krönte und wo ich meine Schriften publizierte. Auch wenn in Polen kaum jemand diese Studien kannte, begegnete man mir mit Achtung, herrscht in Polen doch die Stille, blindlings jeden zu achten, der aus Frankreich kommt.

Was hatte mich bewogen, in den Fußstapfen von Descartes an die Ränder Europas mich zu begeben? Schwerlich wäre diese Frage kurz und in der Sache treffend zu beantworten, doch da die Geschichte nicht von mir handelt, der ich darin nur Zeuge bin, lasse ich sie unbeantwortet, in der Hoffnung, der Leser möge sich mehr von der Geschichte selbst fesseln lassen als von der belanglosen Person dessen, der sie erzählt.

Mein Dienst für den polnischen König fiel in eine

Zeit der schlimmsten Wirren. Alle bösen Mächte schienen sich gegen das Königreich verschworen zu haben. Das Land wurde vom Krieg erschüttert, von schwedischen Truppen verwüstet, im Osten wiederum griffen die Heere Moskaus an. In der Rus hatten sich zuvor schon die unzufriedenen Bauern erhoben. Und als wären verborgene Entsprechungen am Werk, wurde der König dieses unglücklichen Landes ebenso von zahlreichen Krankheiten geplagt, wie die unablässigen Attacken sein Königreich quälten. Die Anfälle von Schwermut kurierte er häufig mit Wein und dem schönen Geschlecht. Seine in sich zerrissene Natur trieb ihn immerfort auf neue Reisen, obwohl er ständig wiederholte, dass er keine Ortswechsel leide und sich nach Warschau sehne, wo seine geliebte Gemahlin, Maria Luisa, ihn erwarte.

Unser Tross zog von Norden her, wo Seine Königliche Hoheit den Zustand des Landes in Augenschein genommen und sich bemüht hatte, Allianzen zu knüpfen mit den Magnaten. Böse Kräfte waren dort bereits am Werk, die Moskowiter schickten sich an, ihre Gelüste an der Rzeczpospolita zu stillen, und da im Westen zugleich die Schweden ihr Unwesen trieben, wollte es scheinen, als hätten alle finsteren Mächte sich verschworen, die polnischen Gefilde in ein grausiges *theatrum belli* zu verwandeln. Es war meine erste Erkundung in diesem fernen Land, und ich wollte das Unterfangen schon bereuen, kaum dass wir die Warschauer Vororte verlassen hatten. Doch trieb mich zuletzt die Neugier des Philosophen und Botanikers (nicht zu vergessen – ich gebe es zu – die stattliche Apanage), sonst hätte ich es vorgezogen, mich meinen Forschungen in häuslicher Ruhe zu widmen.

Auch unter den widrigen Umständen wandte ich mich meinen Studien zu. Ein Phänomenon vor allem interessierte mich seit meiner Ankunft in Polen. Auf der ganzen Welt ist es bekannt, hierzulande aber besonders verbreitet. Man muss nur durch die ärmeren Straßen Warschaus gehen, um es an den Köpfen des einfachen Volkes zu entdecken – die *plica polonica*, auch Weichselzopf genannt. Ein seltsames Gebilde aus gekräuselten, verfilzten Haaren in mancherlei Form, hier in dicken Zotteln, dort in einem Knäuel, hier als Zopf, der einem Biberschwanz gleicht. Die Leute glauben, dass der Weichselzopf der Sitz guter und böser Mächte sei, und wer ihn trägt, wollte wohl lieber sterben als sich der filzigen Pracht entledigen. Da ich es gewohnt war, Skizzen anzufertigen, besaß ich auch von dieser Erscheinung bereits eine Fülle an Zeichnungen, nach meiner Rückkehr nach Frankreich wollte ich ein kleines Werk dazu publizieren. Unter verschiedenen Bezeichnungen ist der Weichselzopf in ganz Europa bekannt. Am seltensten begegnet man ihm wohl in Frankreich. Dort legen die Menschen großen Wert auf ihr Äußeres, frisieren sorgsam ihr Haar. In Deutschland heißt der Weichselzopf auch *Mahrenlocke*, *Alpzopf* oder *Drutenzopf*. In Dänemark, so weiß ich, heißt er *marenlok*, in Wales und England *elvish knot*. Als ich einmal durch Niedersachsen reiste, hörte ich, dass man ihn dort *selkensteert* nenne. In Schottland glaubt man, dass es eine Sitte aus vordenklichen Zeiten sei, verbreitet bei den damals in Europa lebenden Heiden, zumal bei Druidenstämmen. Auch las ich, die *plica polonica* habe ihren Anfang mit den Einfällen der Tataren in Polen genommen, zu Zeiten Leszeks des Schwarzen. Eine andere Vermutung besagte, diese Haartracht sei aus Indien zu uns gekommen. Ja, ich fand auch die Behauptung, die Hebräer hätten als Erste die Haare zu filzigen Strähnen gedreht. *Nasiräer* – so hießen bei ihnen die heiligen Männer, die gelobt hatten, sich ihr Haar zu Ehren Gottes niemals schneiden zu lassen.

Die Fülle an widersprüchlichen Theorien und das endlose Weiß der schneebedeckten Landschaft versetzten mich anfangs in einen Zustand geistiger Abstumpfung, dem endlich eine schöpferische Erregung folgte, und schließlich untersuchte ich die *plica polonica* in jedem Dorf, durch das wir kamen.

Bei meiner Arbeit ging mir der junge Ryczywolski zur Hand, ein Bursche mit großen Talenten, der sich nicht nur als Butler und Dolmetsch bewährte, sondern mir auch bei meinen Studien hilfreiche Dienste leistete, wie er mir zudem – das möchte ich nicht verschweigen – seelischen Beistand bot in dieser fremden Welt.

Wir reisten zu Pferde. Das Märzwetter gab sich einmal winterlich, dann wieder vorfrühlingshaft, der Schlamm auf den Wegen gefror und taute auf, was einen kotigen Morast entstehen ließ, in dem unsere Gepäckwagen bis über die Achsen versanken. Und die beißende Kälte verwandelte uns in Wesen, die an geschnürte Pelzballen denken ließen.

In diesem wilden Land der Sümpfe und Wälder liegen die menschlichen Siedlungen spärlich verstreut und so weit voneinander entfernt, dass wir oft genug gezwungen waren, auf ärmlichen Landgütern zu nächtigen, einmal mussten wir gar mit einer Schenke vorliebnehmen, da es zu schneien begann und an ein zügiges Fortkommen nicht mehr zu denken war. Seine Königliche Hoheit trat *incognito* auf, für einen gewöhnlichen Schlachtschitzen gab er sich aus. Wo wir Rast hielten, applizierte ich Seiner Majestät Arzneien, von denen ich einen ganzen Apothekenkasten mitführte. Zuweilen ließ ich Seine Majestät auf einer notdürftig hergerichteten Liegestatt zur Ader, und wo sich die Gelegenheit bot, verschaffte ich dem königlichen Leib ein gutes Salzbad.

Von allen Krankheiten, die Seine Königliche Hoheit plagten, schien mir die höfische die ärgste zu sein; er hatte sie wohl aus Italien oder Frankreich mitgebracht. Auch wenn sie bislang nicht äußerlich zutage trat und somit leicht zu verbergen war, musste ihr weiterer Verlauf als ebenso tückisch wie gefährlich gelten, wusste man doch, dass sie den Kopf affizieren und den Verstand verwirren konnte. So hatte ich denn auch, kaum dass ich meine Stellung bei Hofe angetreten hatte, darauf bestanden, dass eine Mercurius-Kur vorgenommen werde, auf drei Wochen angesetzt, doch konnte Seine Majestät nie die Zeit finden, das Quecksilber in der nötigen Ruhe und Regelmäßigkeit wirken zu lassen, auf Reisen wiederum war eine solche Behandlung wenig ergiebig. Von den anderen königlichen Beschwerden bereitete mir das Podagra Kummer. Diesem Leiden hätte man freilich leicht vorbeugen können, seine Ursachen liegen bekanntlich im Übermaß des Essens und Trinkens. Das Podagra hält man mit Fasten im Zaum – wie aber auf Reisen fasten? So konnte ich am Ende nur wenig für Seine Königliche Hoheit tun.

Auf Lemberg ging es zu, und Seine Majestät traf sich des Wegs mit manchen Magnaten. Er hielt sie um Unterstützung an, rief ihnen in Erinnerung, dass sie seine Untertanen seien, denn die Treue der Schlachta in diesen Gegenden war zweifelhaft, auf ihren eigenen Vorteil sahen sie, nicht auf das Wohl der Rzeczpospolita. Würdig wurden wir empfangen, ohne Frage, prächtig und mit allem Prunk bewirtet, doch spürte man immer wieder, dass einige dieser Schlachtschitzen den König als Bittsteller sahen. Was für ein Königreich, in dem über die Besetzung des Thrones abgestimmt wird! Wo hat man je so etwas gesehen?

Eine grässliche Erscheinung ist der Krieg, von höllischer Art. Auch wo er die menschlichen Siedlungen nicht unmittelbar verheert, kriecht er doch in jeden Winkel, sucht noch die letzte Kate heim, mit Hunger und Krankheit und Angst. Die Herzen verhärten sich, werden empfindungslos. Alles menschliche Denken verändert sich, jeder achtet nur noch auf sich selbst, schaut zu, wie er überleben kann. Nicht wenige werden darüber grausam, gleichgültig gegen fremdes Leid. Wie viel an Bösem, von Menschen angerichtet, sah ich auf diesem Weg, da wir von Norden her gen Lemberg zogen. Wie viel an Schändung und Mordbrennerei, unfassliche Gräuel. Ganze Dörfer in Schutt und Asche, die Felder verwüstet, nichts als Brachen, wo zuvor die Ernte gedieh. Galgen allenthalben – als diente die Zimmermannskunst allein der Mordbegier. Unbestattete Leichen, von Wölfen und Füchsen zerfleischt. Nur Feuer und Schwert hatten hier ihr

Geschäft. Am liebsten wollte ich all das vergessen – doch auch jetzt, da ich bereits zurückgekehrt bin in mein Land und diese Zeilen schreibe, stehen mir erneut die Bilder vor Augen, und ich kann sie nicht vertreiben.

Immer wüstere Kunde erreichte uns, und die Februarniederlage des Feldhetmans Czarniecki gegen die Schweden, bei dem Dorfe Gołąb, hatte solch arge Wirkung auf die Gesundheit des Königs, dass wir zwei Tage rasten mussten, damit Seine Majestät in Ruhe Egersches Heilwasser trinken und ein Dekokt zu sich nehmen konnte, auf dass es seine Nerven besänftige und er wieder zu Kräften komme. Und als wirkte eine verborgene Beziehung, bildete sich am königlichen Leibe das ganze Leiden der Rzeczpospolita ab. Denn noch ehe die Briefe mit der Nachricht von jener Niederlage eintrafen, packte den König ein derartiger Anfall von Podagra, mit fiebrigen Schüben und rasenden Schmerzen, dass wir ihrer kaum Herr zu werden vermochten.

Zwei Tagesreisen vor Łuck waren wir an Lubieszów vorübergekommen, das die Tataren vor etlichen Jahren schon gebrandschatzt hatten. Als wir durch die dunstigen, schier undurchdringlichen Wälder weiterzogen, dachte ich bei mir, dass es auf dieser Erde keinen schlimmeren Landstrich gebe, und ein bitteres Bedauern ergriff mich, dass ich mich auf die Unternehmung eingelassen hatte. In aller Deutlichkeit stand mir vor Augen, dass ich nicht nach Hause zurückkehren würde und dass wir alle vor diesen endlosen Sümpfen, diesen in Nebelschwaden schwimmenden Wäldern, vor diesen Lachen auf den Wegen, die mit ihren dünnen Eiskrusten an verschorfende Wunden eines auf der Erde liegenden Riesen denken ließen – dass wir angesichts all dessen, seien wir nun elend oder nobel gekleidet, seien wir Könige, Adlige, Soldaten oder Bauern – völlig nichtig waren. Wir sahen die vom Brand geschwärzten Trümmermauern einer Kirche. Hier hatten die tatarischen Horden die Bewohner eines Dorfes eingesperrt und bei lebendigem Leibe verbrannt. Wir sahen einen Wald von Galgen, sahen den Brandschutt der Häuser, der die verkohlten Leiber von Mensch und Tier bergen mochte. Da erst verstand ich das Vorhaben des Königs, nach Lemberg sich zu begeben in dieser grässlichen Zeit, da äußere Mächte sich anschickten, die Rzeczpospolita zu zerreißen, und dort um Beistand zu flehen bei der in Polen so innig verehrten Maria, der Christusmutter, auf dass sie das Land in ihre Obhut nehme und Fürbitten einlege bei Gott dem Allmächtigen. Anfangs hatte sie mir noch wunderlich erscheinen wollen, diese Verehrung der Gottesmutter. Ja, oft war mir gar gewesen, als gälte dieser Kult einer heidnischen Göttin und als trügen – möge es mir nicht als

Ketzerei ausgelegt werden! – Gott selbst und Sein Sohn im feierlichen Gefolge ihre Schleppe. Jedes Marterl hier ist der heiligen Maria geweiht, und so vertraut war mir ihr Anblick geworden, dass ich selbst begann, allabendlich Gebete an sie zu richten, wenn wir uns hungrig und mit frierenden Gliedern zur Ruhe begaben, im Herzen den heimlichen Gedanken hegend, sie sei die Gebieterin dieses Landes, während bei uns zu Hause Jesus Christus auf dem Throne saß. Nichts anderes blieb mehr übrig, als sich den höheren Mächten zu überlassen.

An jenem Tag, da der König den garstigen Anfall von Podagra erlitt, hatten wir auf dem Gut des Pan Hajdamowicz Rast gemacht, des Kämmerers von Łuck. Das Gutshaus, aus Holz errichtet, stand auf einer Landzunge inmitten der Sümpfe. Ringsum duckten sich Chaluppen, in denen Holzknechte hausten, einige Bauern und die Bediensteten. Der König verzichtete auf das Nachtmahl, begab sich sogleich zur Ruhe, doch konnte er nicht schlafen, so musste ich Morpheus mit meinen Mixturen locken.

Der Morgen war leidlich heiter, und einige Gardisten schlugen sich ins Dickicht, die Zeit bis zum Aufbruch mit einem Jagdvergnügen sich zu vertreiben. Wir dachten, sie kämen vielleicht mit einem zarten Rehbraten zurück oder einigen Fasanen – doch welch wunderliche Beute brachten sie aus dem

Wald! Sprachlos standen wir da, und der verschlafen blinzelnde König war mit einem Schlage hellwach.

Zwei Kinder, schmächtig und mager, kaum war als Lumpen zu bezeichnen, was sie am Leibe trugen, jämmerliche Fetzen eines grob gewirkten Stoffes, zerschlissen und von Schlamm besudelt. Ihre Haare ließen mich sogleich aufmerken – zu dicken Strähnen hatten sie sich verfilzt. Prachtexemplare einer *plica polonica*! Wie erlegte Rehe waren die beiden gebunden und an die Sättel geschnürt. Ich fürchtete, es könnte ihnen ein Leid geschehen, die feinen Knöchelchen wollten womöglich brechen. Sie hätten die Kinder binden müssen, erklärten die Gardisten, wie Wilde hätten die Kleinen gebissen und getreten.

Als Seine Königliche Hoheit sein Morgenbrot beendet hatte und einen Kräuteraufguss zu sich nehmen sollte, von dem ich eine Besserung seiner Stimmung erhoffte, begab ich mich zu den Kindern, und während ich verfügte, dass ihnen als Erstes die Gesichter gewaschen würden, betrachtete ich sie aus der Nähe, wobei ich freilich darauf bedacht war, dass sie mich nicht bissen. Ihrem Wuchs nach zu urteilen, hätte man annehmen wollen, dass sie vier oder sechs Jahre alt wären, an ihren Zähnen aber ließ sich erkennen, dass sie älter sein mussten. Das Mädchen war größer und kräftiger, der Junge wirkte elend und ausgemergelt, wenngleich lebhaft und munter.

Meine größte Aufmerksamkeit erregte ihre Haut. Sie hatte eine wunderliche Färbung, der ich nie zuvor begegnet war – man mochte an junge Zuckererbsen denken oder an italienische Oliven. Die Haare, die ihnen weichselzopfig verfilzt ins Gesicht hingen, waren flachshell, doch überzog sie ein grüner Belag, wie Moos einen Stein überzieht. Der junge Ryczywolski sagte, diese grünen Kinder – wie wir sie alsogleich nannten – seien sicher Waisen des Krieges, und die Natur habe sie im Wald genährt, derlei Geschichten seien ja bekannt, dächten wir nur an Romulus und Remus. Unermesslich ist das Feld, auf dem die Natur ihre Kräfte wirken lässt, wie winzig dagegen das Gärtchen, in dem die Menschen tätig sind!

Als wir durch die weite Ebene von Mohilew her geritten waren, wo am Horizont noch in Brand gesetzte Dörfer rauchten, deren Überreste bald vom Wald verschlungen sein würden, hatte mich der König gefragt, was dies nun eigentlich sei: Natur. Meiner Überzeugung gemäß erwiderte ich, die Natur sei alles, was uns umgebe, ausgenommen wir selbst und die vom Menschen gefertigten Dinge. Da blinzelte der König, als müsste er meine Worte einer Prüfung des eigenen Augenscheins unterziehen. Was er dort sah – ich weiß es nicht, jedenfalls entgegnete er:

»Das ist ein großes Nichts.«

So stellt sich wohl die Welt dem Blick der Menschen dar, die an Höfen aufgewachsen sind. Einem Blick, der gewöhnt ist an die Schnörkel venezianischer Webarbeiten, das gewundene Geflecht türkischer Kelims, gewöhnt an Bilder, die sich aus Wandfliesen fügen, an raffinierte Mosaiken. Fällt dieser Blick in die Verschlingungen der Natur, vermag er dort nur ein Chaos zu sehen, jenes große Nichts.

Nach jeder Brandverheerung nimmt sich die Natur zurück, was der Mensch von ihr genommen hat, und sie berührt auch die Menschen selbst, versucht, sie in einen natürlichen Zustand zurückzuversetzen. Schaute man indes auf diese Kinder, mochte man zweifeln, ob noch ein Paradies in der Natur bestehe oder ob in ihr nicht eher die Hölle sei, derart elendig waren sie und herabgekommen. Seine Hoheit interessierte sich lebhaft für die beiden – auf einem Gepäckwagen sollten sie mit uns nach Lemberg fahren, wo der König sie eingehend untersuchen lassen wollte, doch kam dann alles gänzlich anders. Die peinvolle Zehe des Königs schwoll derart an, dass auf diesen Fuß kein Stiefel mehr zu ziehen war. Die Schmerzen, die ihn plagten, waren fürchterlich – ich sah, wie ihm der Schweiß aus allen Poren trat. Und kalte Schauer überliefen mich, als ich hörte, wie der Herrscher dieses mächtigen

Reiches zu wimmern und zu heulen begann. An einen Aufbruch war nicht zu denken. Ich bereitete ein Lager am Kachelofen, brachte Wickel, hieß alle die Stube verlassen, die nicht Zeugen werden mussten dieses Leidens Seiner Majestät. Als die armen Waldkinder hinausgebracht werden sollten, gebunden wie Lämmer, riss sich das Mädchen, mit welch wunderlicher Fertigkeit auch immer, aus den Fesseln los, warf sich dem König vor die gepeinigten Füße und begann, die gequälte Zehe mit seinem filzigen Haar zu streicheln. Mit einer Handbewegung gab der Herrscher zu verstehen, man möge sie gewähren lassen. Nach einer Weile sagte er bass erstaunt, die Schmerzen seien gelindert. Und er ordnete an, den Kindern tüchtig zu essen zu geben und sie endlich zu kleiden wie Menschen, was denn auch geschah.

Als wir unser Gepäck verstauten und ich in unschuldiger Absicht die Hand nach dem Jungen ausstreckte, um ihm über den Kopf zu streichen, wie man es bei Kindern in jedem Lande tut, biss er mich so heftig ins Handgelenk, dass das Blut aus den Spuren der Zähne trat. Da ich fürchtete, der Junge könnte aus dem Wald die Wolfswut mitgebracht haben, ging ich zu einem nahen Bach, um die Bisswunde zu waschen. Auf dem tückisch sumpfigen Untergrund des Ufers glitt ich aus und stürzte mit solcher Wucht gegen einen gezimmerten Steg, dass ein Stapel zersägter Stämme, die dort geschichtet lagen, in einem herniederbrach. Ein grausamer Schmerz in meinem Bein ließ mich aufheulen wie ein Tier. Eben noch begriff ich, dass es schlecht um mich stand. Dann verlor ich die Besinnung.

Als ich zu mir kam – der junge Ryczywolski klopfte mir auf die Wangen –, sah ich über mir die Decke der Stube im Gutshaus, im Halbkreis besorgte Gesichter, darunter das königliche Antlitz, und alle wirkten sie seltsam länglich und zitterten verschwommen. Kein Zweifel, ich fieberte. Wohl eine ganze Weile hatte ich so gelegen.

»Um Gottes willen, Davisson, was habt Ihr Euch angetan?«, sagte Seine Majestät und beugte sich über mich. Die sorgsam frisierten Locken seiner Reiseperücke streiften meine Brust, und mir war, als bereitete noch diese kaum merkliche Berührung meinem Körper Pein. Doch entging mir selbst in diesem Zustand nicht, dass sein Gesicht sich aufgeheitert hatte, es war nicht mehr schweißnass, und Seine Majestät stand in Stiefeln da.

»Wir müssen aufbrechen, Davisson«, sagte er bekümmert.

»Ohne mich?«, stöhnte ich entsetzt, und es schüttelte mich vor Schmerz und Angst. Sie wollten mich zurücklassen!

»Bald wird der beste Lemberger Medicus eintreffen ...«

Ich schluchzte auf, mehr aus Verzweiflung denn des körperlichen Leidens wegen.

Mit Tränen in den Augen nahm ich Abschied von Seiner Majestät, und der Tross machte sich auf den Weg. Ohne mich! Der junge Ryczywolski blieb mir zur Gesellschaft, was mein Elend ein wenig linderte. So wurden wir der Obhut des Kämmerers Hajdamowicz überlassen, und wohl gleichfalls uns zum Troste ließen sie auch die grünen Kinder im Gutshaus zurück – vielleicht mit dem Gedanken, dass ich ein wenig Ablenkung hätte, bis Hilfe käme.

Nicht genug, dass mein Bein, wie nun zu sehen, zweifach gebrochen war, auch hatte der zerschlagene Knochen an einer Stelle die Haut durchbohrt, und es bedurfte der größten Fertigkeit, ihn zu richten. Selbst konnte ich nichts bewirken, beim geringsten Versuch schon verlor ich erneut die Besinnung. Da half es auch nichts, dass mir Geschichten in den Sinn kamen von Menschen, die an sich selbst eine Amputation vorgenommen hatten.

Vor dem Aufbruch noch hatte der König einen Mann vorausgeschickt mit der Ordre, den besten Medicus von Lemberg auf den Weg zu bringen, doch wollte ich ihn kaum eher als in zwei Wochen erhoffen. Mein Bein aber musste so rasch als möglich gerichtet werden. Wenn bei diesem feuchten Klima die Wunde brandig würde, sähe ich den französischen Königshof nie mehr wieder. Wie oft hatte ich nicht geklagt über das Leben dort, nun schien er mir die wahre Mitte der Welt zu sein, ein verlorenes Paradies, das herrlichste Gefilde meiner Träume. Auch die Hügel Schottlands sähe ich wohl nie mehr wieder ...

Einige Tage behalf ich mir mit den Schmerzensmitteln, die ich dem König gegen das Podagra verabreicht hatte. Dann endlich kam aus Lemberg ein Bote – allein. Eine Schar Tataren, die zahlreich ihr Unwesen trieben in dieser Gegend, hatte den Medicus erschlagen. Ein weiterer, so versicherte uns der Bote, habe sich schon auf den Weg gemacht. Außerdem brachte er uns Kunde vom Gelübde, das der König, glücklich in Lemberg angelangt, in der dortigen Kathedrale abgelegt habe, um die Rzeczpospolita der Obhut der Gottesmutter anzuempfehlen, auf dass sie das Land vor den Schweden und Moskowitern, vor Chmielnicki und allen anderen bösen Mächten bewahre, die sich darauf stürzen wollten wie Wölfe auf ein lahmes Reh. Da ich wohl sah, dass der König der Kümmernisse übergenug hatte, freute es mich umso mehr, dass er dem Boten einen trefflichen Okowita mitgegeben hatte, einige Flaschen Rheinwein, Pelze und französische Seife – Letztere vor allem empfing ich mit größter Freude.

Die Welt, so denke ich, ist aus Kreisen aufgebaut, die sich um einen bestimmten Ort herum fügen.

Und dieser Ort, der sogenannte Mittelpunkt der Welt, wandert mit der Zeit. Einst lag die Mitte in Griechenland, in Rom, in Jerusalem, heute ist sie zweifellos in Frankreich zu suchen, vielmehr – Paris ist diese Mitte. Mit einem Zirkel könnte man Kreise um die Mitte schlagen, und je näher man sich zu dieser Mitte befindet, desto wirklicher erscheint einem alles, desto leichter fassbar, und je weiter man sich entfernt, desto brüchiger scheint die Welt zu werden, gleich einem moderfeuchten Leinen, das zerfällt. Mehr noch – die Mitte liegt gleichsam erhöht, sodass von hier aus die Ideen, Moden und Erfindungen nach allen Seiten herabfließen. Als Erstes durchdringen sie die zunächst liegenden Kreise, dann die weiteren, wobei sie immer mehr von ihren Wirkungskräften einbüßen, bis schließlich nur noch ein Geringes in die am weitesten entfernten Bezirke gelangt.

Das begriff ich, als ich im Gutshaus des Kämmerers Hajdamowicz lag, verloren in den Sümpfen, weit, weit von der Mitte der Welt, womöglich im letzten der Kreise, einsam wie der verbannte Ovid in Tomi. Und in meinem Fieber wähnte ich mich als Verfasser eines großen Werkes von den Kreisen, gleich der *Divina Commedia* des Dante, doch nicht die Kreise des Jenseits wollte ich beschreiben, sondern jene der Welt, die Kreise Europens, und jeder einzelne ränge mit einer anderen Sünde, erführe eine andere Strafe. Es wäre dies eine wahrhaft große Komödie verborgener Ränkespiele, gebrochener Allianzen, eine Komödie, in der die Rollen im Laufe des Stückes nach und nach getauscht würden, und bis zum Ende bliebe unbekannt, welches *qui pro quo* sich wohl entwickeln wollte. Eine Erzählung vom Größenwahn der einen, von der Gleichgültigkeit und Eigenliebe der anderen, von Mut und Aufopferung der wenigen, die vielleicht doch zahlreicher sind, als es uns erscheinen will. Die Helden auf dieser Europen genannten Bühne verbände gewiss nicht die Religion, wie manche sich das zu wünschen pflegen – denn dass Letztere die Menschen vielmehr trennt, wird man schwerlich bestreiten können angesichts der Toten, die dem religiösen Eifer zum Opfer fielen, und sei es allein in den heutigen Kriegen. Nein, in dieser Komödie müsste etwas anderes die Helden vereinen, denn das Finale sollte ein glückliches sein – das Vertrauen in den gesunden Menschenverstand und die Kraft der Vernunft im großen Werke Gottes. Der Allmächtige gab uns die Sinne, gab uns die Fähigkeit zu denken, damit wir die Welt erforschen und unser Wissen mehren. Dort ist Europen, wo die Vernunft waltet.

Derlei Gedanken gingen mir in den helleren Augenblicken durch den Kopf. Den weitesten Teil der kommenden Tage jedoch verdämmerte ich im Fieber, und da der Medicus aus Lemberg immer noch nicht eintreffen wollte, schickten die Hajdamowiczs mit Erlaubnis Ryczywolskis, der für meine Pflege die Verantwortung übernommen hatte, nach einer Frau in die Sümpfe.

Mit einem stummen Gehilfen fand sie sich ein, und nachdem sie mir eine Flasche Okowita eingeflößt hatte, richtete sie mir den zerschlagenen Knochen. Mein junger Gefährte erzählte es mir; ich selbst hatte keine Erinnerung daran.

Es ging bereits auf Ostern zu. Ein Priester kam nach Hajdamowicze und feierte in der Kapelle des Gutshauses die Ostermesse, bei welcher Gelegenheit den grünen Kindern das Sakrament der Taufe erteilt wurde. Mit freudiger Erregung berichtete Ryczywolski davon – im Gutshaus heiße es schließlich, ein Fluch, den die beiden Wesen mir angehängt hätten, sei die Ursache meines Unglücks gewesen. Solchem Unfug schenkte ich keinen Glauben, und ich untersagte, dass weiter davon gesprochen werde.

Eines Abends brachte Ryczywolski das Mädchen zu mir. Sie war nun gewaschen und sauber gekleidet, auch wirkte sie völlig ruhig. Mit meinem Einverständnis hieß Ryczywolski sie mit einer ihrer verfilzten Haarsträhnen über mein Bein streichen, wie sie es zuvor beim König getan hatte. Ein Zischen entfuhr mir, selbst diese Berührung bereitete mir Schmerzen, ich litt es, bis sie schwächer wurden und die Schwellung sich wahrhaftig zurückzubilden begann. So tat es das Mädchen noch drei Mal.

Als wenige Tage darauf der Frühling Einzug hielt mit mildem Wetter, versuchte ich aufzustehen. Die Krücken, die man mir zurechtgehobelt hatte, waren gut zu gebrauchen, ich gelangte bis zum Windfang, und hungrig nach Licht und Luft, verbrachte ich dort den Nachmittag, betrachtete das Getriebe in der armseligen Wirtschaft des Kämmerers.

Das Gutshaus war zwar recht groß und durchaus stattlich eingerichtet, Ställe und Scheunen aber schienen aus einem anderen Kreis der Zivilisation zu stammen. Betrübt begriff ich, dass ich nun für längere Zeit hier festsitzen würde, und um diese Verbannung zu überstehen, musste ich mir eine Beschäftigung suchen, sonst würde ich in Melancholie versinken und alle Hoffnung verlieren, dass der gütige Herrgott mir die Rückkehr nach Frankreich ermöglichen wollte.

Ryczywolski führte mir die wilden Kinder zu, die die Hajdamowiczs aufgenommen hatten, ohne zu wissen, was mit ihnen anzufangen sei in dieser Einöde, noch dazu in Kriegszeiten, auch stand ja zu erwarten, dass Seine Majestät den königlichen Anspruch in Erinnerung bringen würde. Die Kinder waren im Parterre des Nebenhauses eingesperrt, in dem ein Sammelsurium an Unnötigem und Nötigem gestapelt lag. Die Wände waren aus groben Brettern gezimmert, die beiden lugten durch die Ritzen, verfolgten mit wachen Augen die Hausbewohner. Ihre Notdurft verrichteten sie draußen; in einiger Entfernung vom Gutshaus gingen sie einfach in die Hocke. Auch kannten sie weder Bett noch Waschschüssel. Sie aßen mit den Fingern, schlangen gierig das Essen, alles Fleisch aber verschmähten sie, spuckten es aus. Ergriff sie ein Schrecken, warfen sie sich zu Boden, krochen auf allen vieren, versuchten zu beißen. Wurden sie gerügt, kauerten sie sich zusammen, erstarrten für eine längere Weile. Untereinander verständigten sie sich mit rauen Lauten. Und wann immer die Sonne sich zeigte, warfen sie ihre Kleider von sich, stellten sich in die lichte Wärme.

Die Kinder, so dachte sich Ryczywolski, könnten mir Kurzweil und Beschäftigung bieten. Als Gelehrter wollte ich mich ihnen doch sicher widmen, sie untersuchen und beschreiben, so fände ich Ablenkung von den Gedanken an mein Bein.

Mir war, als empfänden die beiden wunderlichen Wesen so etwas wie Reue, wenn sie die letzten Spuren des Bisses an meiner Hand sahen, mein Bein in den hölzernen Schienen. Mit der Zeit fasste das Mädchen Zutrauen, duldete es, dass ich sie näher untersuchte.

Wir saßen in der Sonne, an der warmen Bretter-

wand des Nebenhauses. Die Natur lebte auf, der all-
gegenwärtige Geruch von sumpfiger Feuchte ließ
nach. Sanft drehte ich das Gesicht des Mädchens
zum Licht, nahm ein paar Strähnen des Filzhaars in
die Hand. Sie schienen von Wärme durchdrungen,
wie aus Wolle gedreht. Ich roch an dem Haar – ein
Duft, der an Moos erinnerte, und es sah aus, als wäre
die Strähne von Flechtenfasern durchzogen. Aus
der Nähe erkannte man, dass die Haut des Mäd-
chens von unzähligen dunkelgrünen Tupfen be-
deckt war – ich hatte sie zuvor für Schmutz gehalten.

Sollte das Mädchen wahrhaftig etwas von einer
Pflanze haben? Ryczywolski und ich vermuteten,
dass sie sich deshalb ihrer Kleider entledigte und
der Sonne aussetzte, weil sie deren Licht benötigte,
das sie als Nahrung durch die Haut aufnahm. So
musste sie nicht mehr viel essen, es genügten ihr ein
paar Krumen Brot. Im Übrigen hieß sie im Guts-
haus bereits Ośródka – ein wohlklingender Name,
den auszusprechen mir einige Mühe bereitete. Das
Wort ośródka bezeichnet das Innere des Brotes,
ebenso einen Menschen, der nur das Innere aus
einer Scheibe isst und die Rinde übrig lässt.

Ryczywolski, der immer größere Begeisterung
für die grünen Kinder entwickelte, erzählte mir,
er habe das Mädchen singen hören. Dies habe
zwar, wie aus seinen weiteren Worten hervorging,
eher an ein Schnurren erinnert, doch durfte es als

Zeichen gelten, dass die beiden voll entwickelte Kehlen besaßen; dass sie nicht sprechen konnten, musste seine eigenen Gründe haben. Auch fand ich ihren Körperbau in nichts verschieden von dem anderer Kinder.

»Haben wir womöglich zwei polnische Elfen gefangen?«, scherzte ich einmal, worauf der junge Ryczywolski schnaubte, ich nähme ihn wohl für einen Wilden, an solche Märchen glaube er nicht.

Die Hausbewohner hatten verschiedene Ansichten, wie mit der *plica polonica* zu verfahren sei. Und diese Exemplare waren auch noch grün! Weitverbreitet war die Auffassung, ein Weichselzopf künde von einer inneren Krankheit, die von den verfilzten Haaren nach draußen gezogen werde. Schneide man ihn ab, kehre die Krankheit in den Körper zurück und töte den Menschen. Andere wiederum – so auch der Kämmerer Hajdamowicz, der sich für einen aufgeklärten Kopf hielt – waren der Ansicht, dass der Weichselzopf unbedingt abgeschnitten gehöre, sei er doch eine Brutstätte für Läuse und alles mögliche andere Ungeziefer.

Der Kämmerer ließ eine Schere bringen, wie sie für die Schafschur verwendet wird, damit die Kinder befreit würden von ihren Zotteln. Der Junge versteckte sich in heller Angst hinter seiner Schwester (ich wollte annehmen, dass das Mädchen seine Schwester war), sie aber gab sich mutig, ja geradezu kühn. Sie trat nach vorne, starrte den Kämmerer an mit einem harten Blick, den sie nicht abwandte, ehe er die Augen senkte. Dabei entrang sich ihrer Kehle ein Knurren wie von einem wilden Tier, und gleich Lefzen zogen sich die Lippen auseinander, dass die Zähne sichtbar wurden. In ihrem Blick lag etwas, das unvereinbar war mit uns, als wüsste sie nichts von unserer Ordnung, unseren Regeln, sie schaute auf uns, wie Tiere es tun – fast als sähe sie durch uns hindurch. Zum anderen war in ihrem Auftreten eine große Selbstsicherheit zu spüren, eine unerwartete Reife, und einen Atemzug lang sah ich kein Kind dort stehen, sondern eine zwergenhafte Alte. Uns alle überlief ein Schauder, und der Kämmerer verfügte, dass die Weichselzöpfe nicht abgeschnitten würden.

Bald nach der Taufe in der Holzkirche, die an ein Hühnerhaus denken ließ, geschah es, dass der Junge des Nachts erkrankte und zum großen Entsetzen aller jäh verstarb. Die Dienerschaft nahm es als Zeichen seiner teuflischen Natur, denn wen, wenn nicht den Leibhaftigen, vermochte das Weihwasser zu töten? Dass es nicht sogleich geschehen war? Nun, das Böse hatte noch eine Weile gerungen ... Summa summarum, höhere Mächte waren hier im Spiel. Daran bestand kein Zweifel.

An ebenjenem Tag begann der Sumpf in seltsamen Klängen zu sprechen. Waren es Vögel, waren es Frösche – ein wunderlicher Trauergesang ertönte. Der kleine Leib des Kindes wurde gewaschen, angekleidet und auf die Bahre gebettet. Ringsum entzündete die Dienerschaft Totenkerzen. Bei diesen Verrichtungen durfte ich, in meiner Rolle als Medicus, den Körper noch einmal untersuchen. Das Herz schnürte sich mir zusammen beim Anblick des armen Würmchens. Erst jetzt, als ich den Kleinen so nackt daliegen sah, erblickte ich das Kind und nicht das Kuriosum, und ich dachte mir, er müsste, wie jedes Lebewesen, Mutter und Vater haben. Wo sie jetzt wohl waren? Ob sie Sehnsucht hatten nach dem Kleinen? Sich Sorgen machten?

Nachdem ich diese Affekte, die einem Gelehrten der Heilkunst nicht gut zu Gesichte standen, wieder im Zaum halten konnte, befand ich nach eingehender Untersuchung, dass die verfrühten Bäder im kalten Bach den Tod herbeigeführt hätten. Auch stellte ich fest, dass außer der Färbung der Haut nichts Außergewöhnliches an dem Jungen war. Diese Färbung wiederum schrieb ich dem langen Aufenthalt im Walde zu, inmitten der Kräfte der Natur. Offensichtlich hatte sich die Haut an die Umgebung angepasst, so wie die Flügel mancher Vögel der Baumrinde ähnlich werden und die Heupferdchen die Tönung des Grases aufweisen. Die Natur ist reich an solchen Entsprechungen. Auch waltet in ihr der Grundsatz, dass es gegen jedes Leiden ein natürliches Remedium gibt. Davon schrieb bereits der Meister, der mir ein Vorbild ist – der große Paracelsus. Nun sagte ich dasselbe zu Ryczywolski.

In der ersten Nacht nach dem Tode des Jungen verschwand der Leichnam. Den Frauen, die an seiner Bahre die Wacht gehalten hatten, war der Weihrauch zu Kopfe gestiegen, um Mitternacht hatten sie sich zu Bett begeben, und als sie sich im ersten Licht wieder erhoben, war von dem Leichnam keine Spur mehr. Wir wurden geweckt, im ganzen Gutshaus zündete man sämtliche Lichter an, ein Grauen griff um sich, befiel alle Hausbewohner. Sogleich ging unter der Dienerschaft um, das grüne Teufelchen habe, mit magischen Kräften im Bunde, den eigenen Tod nur vorgetäuscht, um dann, als niemand mehr bei der Bahre gewesen, ins Leben zurückzukehren und flugs zu den Seinen in den Wald zu laufen. Nun fehlte nur noch, dass jemand hinzugab, das Teufelchen wolle sich womöglich rächen für die Gefangenschaft – und man verriegelte zur Nacht jede Tür.

Große Unruhe machte sich breit, als hätten wir einen Überfall der Tataren zu gewärtigen. Ośródka sperrten wir besonders sorgsam im Nebenhaus ein. Sie wirkte seltsam ungerührt; schmutzig war sie, ihre Kleidung zerrissen, was einen gewissen Verdacht auf sie warf.

Zusammen mit dem jungen Ryczywolski suchte ich nach Spuren. In der Stube waren nur einige Striemen auf den Dielen zu sehen, als wäre hier ein Körper geschleift worden, draußen wiederum hatte der allgemeine Aufruhr alle Abdrücke verwischt, alles war zertreten, nichts, was hätte Aufschluss geben können, ließ sich mehr erkennen. Das Begräbnis wurde abgesagt, man räumte die Bahre beiseite, verstaute die Totenkerzen in einem Kuffer, wo sie die nächste Gelegenheit erwarten sollten. Wenn sie nur so bald nicht käme! Einige Tage lang lebten wir wie in einem Zustand der Belagerung, doch nicht der Türken oder Moskowiter wegen packte uns die Angst – diese Furcht war von der seltsamsten Art, von laubgrüner Tönung, durchzogen vom Faulgeruch des Schlamms, den algigen Strängen der Wasserpflanzen. Eine klebrige Furcht, jenseits aller Worte, die uns die Gedanken verwirrte und sie in die wuchernden Farnfelder trieb, in die glucksenden, bodenlosen Sümpfe. Die Insekten schienen uns zu belauern, geheimnisvolle Laute aus dem Dickicht nahmen wir für Rufe und Klagegetön. Herrschaft wie Dienerschaft versammelten sich in der großen Stube, aßen ohne rechten Appetit ein bescheidenes Abendbrot, tranken Okowita, doch nicht, um die Laune zu heben, sondern aus Sorge und Furcht.

Mit immer größerer Macht drang der Frühling aus den Wäldern, breitete sich über die Sümpfe aus, dass bald alles von Blumen übersät war, die auf dicken Stängeln wuchsen, von Wasserlilien in nie gesehenen Farben und Formen, von großblättrigen Schwimmpflanzen, deren Bezeichnung ich nicht kannte, was mich als Botaniker mit einiger Scham erfüllte. Der junge Ryczywolski tat, was er konnte, um mir Ablenkung zu verschaffen, doch was wollte man unter diesen Umständen schon ersinnen? Wir hatten keine Bücher, und der Vorrat an Papier und Tinte gestattete mir kaum, ein paar Pflanzen zu zeichnen. Immer öfter wanderte mein Blick zu dem Mädchen, Ośródka. Nun, da sie allein war, suchte sie unsere Nähe. Ganz besonders band sie sich an Ryczywolski, sie folgte ihm überallhin, und ich wähnte schon, ich hätte womöglich ihr Alter falsch eingeschätzt. Ich suchte nach ersten Zeichen der Weiblichkeit, doch ihr magerer Körper war der eines Kindes, er zeigte keine Rundungen.

Die Hajdamowiczs hatten ihr hübsche Kleidung und schöne Schuhe gegeben, sie aber zog alles aus, wenn sie nach draußen ging, legte die Garderobe sorgsam bei der Hauswand zusammen.

Bald versuchten wir, Ośródka Sprechen und Schreiben beizubringen. Ich zeichnete Tiere für sie, in der Hoffnung, sie gebe einen Laut von sich. Sie schaute wohl aufmerksam auf die Bilder, doch schien mir, ihr Blick glitte über das Papier, ohne den Inhalt der Zeichnung zu berühren. Als sie selbst die Kohle in die Hand nahm, konnte sie einen Kreis zeichnen, wurde es jedoch bald überdrüssig.

An dieser Stelle muss ich ein paar Worte über den jungen Ryczywolski verlieren. Feliks war sein Name, und er benannte ihn gut, denn gleich unter welchen Gegebenheiten blieb er ein glücklicher Mensch, stets heiterer Laune, voll guten Willens, was immer ihm widerfahren mochte. Und widerfahren war ihm, dass die Moskowiter seine ganze Familie hingemetzelt hatten. Seinem Vater schlitzten sie den Bauch auf, an den Schwestern und der Mutter vergingen sie sich auf das Grausamste. Wie er sich sein heiteres Gemüt bewahren konnte, war mir unbegreiflich. Nie sah ich ihn eine Träne vergießen, nie sah ich ihn in Melancholien. Vieles schon hatte er von mir gelernt, die Bemühungen Seiner Majestät, ihn zu einem guten Lehrer zu geben – wenn es gestattet sei, in solchen Worten von sich selbst zu sprechen –, waren nicht umsonst gewesen. Ja, es hätte dieser blondhaarige Mensch mit seinen blauen Augen, seiner zierlichen Statur und seiner Behändigkeit den Weg zu einer großen Karriere einschlagen können, hätten nicht jene Ereignisse ihren Lauf genommen, die ich hier beschreiben möchte. Denn auch Ryczywolski interessierte sich für das Phänomen der *plica polonica*, was hier, auf dem Gut Hajdamowicze in eins fiel mit Ośródka.

Zur Zeit der glühenden Julihitze erfuhren wir aus Briefen, dass Warschau befreit war aus den Händen der Schweden, und ich wollte schon glauben, nun kehre alles zu seiner alten Ordnung zurück, und ich würde bald so weit genesen sein, dass ich mich wieder zum König begeben und sein Podagra kurieren könne. Einstweilen nahm sich ein anderer Medicus der Leiden Seiner Majestät an, was mich mit Unruhe erfüllte. Die Mercurius-Kur, die ich dem König zugedacht hatte, war in Polen noch kaum bekannt. Auch fehlte es der hiesigen Heilkunst an präziser Methodik, die Doctores hatten keine Kenntnis von den neuesten Entdeckungen der Anatomie und Arzneikunde, sie hielten sich an alte Überlieferungen, die dem Volksglauben näher waren als den Resultaten gründlicher Forschung. Doch wäre ich unredlich, wollte ich meine Überzeugung verhehlen, dass auch am Hofe König Ludwigs kaum ein Medicus sich fände, der nicht de facto ein Scharlatan wäre und auf Erkenntnisse sich beriefe, die er sich aus den Fingern sog.

Unglücklicherweise wuchs mein Bein nicht richtig zusammen, ich konnte noch immer nicht darauf stehen. Weiterhin kam die Frau aus den Sümpfen zu mir, die Flüsterin, wie sie genannt wurde, und rieb mir die erschlafften Muskeln mit einer braunen, stinkenden Flüssigkeit ein. Bald erreichte uns dann die traurige Nachricht, dass die Schweden Warschau erneut erobert hätten und erbarmungslos hausten in der Stadt. So sann ich ein weiteres Mal über mein Schicksal, das es so schlecht nicht mit mir meinte, wenn ich in diesen Sümpfen genesen sollte, und dass Gott ebendiesen Lauf der Dinge für mich ausersehen hatte, um mich zu bewahren vor der Gewalt des Krieges, dem Toben und Wüten der Menschen.

Um die zwei Wochen nach dem Christophstag, der in dieser Gegend besonders feierlich begangen wird – was nicht verwundern darf, trug der Heilige doch den kleinen Jesusknaben wohlbehalten durchs Wasser an Land –, hörten wir zum ersten Mal Ośródkas Stimme. Die ersten Worte richtete sie an Ryczywolski, und als er sie fragte, erstaunt genug, warum sie bisher nicht gesprochen habe, erwiderte sie, niemand habe sie etwas gefragt. Was auch der Wahrheit entsprach, hatten wir doch angenommen, sie sei der Zunge nicht mächtig.

Wie sehr bedauerte ich meine spärlichen Kenntnisse des Polnischen, denn so vieles hätte ich sie fragen wollen, doch auch Ryczywolski hatte Mühe, sie zu verstehen, sie sprach in einem ruthenischen Volksdialekt. Einzelne Wörter waren es oder kurze Sätze, und sie heftete ihren Blick auf

uns, als wollte sie die Wirkung des Gesagten prü-
fen oder als forderte sie von uns eine Bestätigung.
Ihre Stimme passte nicht zu ihr – tief war sie,
männlich fast, ganz gewiss nicht die Stimme eines
jungen Mädchens. Benannte sie, wobei sie mit
dem Finger deutete, die Erscheinungen der Welt
– Baum, Himmel, Wasser –, ergriff mich ein tiefes
Unbehagen, es klang, als flössen diese schlichten
Bezeichnungen aus dem Jenseits zu uns her.

Der Sommer stand im Zenit, die Sümpfe trock-
neten ab, doch niemand wollte sich so recht dar-
über freuen, denn damit wurden sie wegsam, und
das Gut Hajdamowicze war ständigen Überfällen
ausgesetzt. Vom immer noch tobenden Krieg jeg-
licher sittlichen Hemmungen entledigt, trieben alle
möglichen Schurkenbanden ihr Unwesen. In sol-
chen Zeiten weiß niemand mehr, wer mit wem sich
verbündet hat, wer auf wessen Seite steht. Einmal
überfielen uns Moskowiter. Hajdamowicz musste
mit ihnen um ein Lösegeld verhandeln, dass sie uns
verschonten. Ein anderes Mal wehrten wir einen
Angriff marodierender Soldaten ab. Der junge
Ryczywolski griff zur Waffe und schoss einige von
ihnen nieder, was ihm als große Heldentat ange-
rechnet wurde.

In jedem Ankömmling erhoffte ich, einen könig-
lichen Gesandten zu sehen, damit Seine Majestät

mich endlich zu sich riefe, doch nichts dergleichen geschah. Es war Krieg, der König folgte tapfer seinen Truppen, und seinen Medicus aus der Fremde hatte er gewiss schon vergessen. Ich verlor mich in Phantasien, dass ich mich auch ohne Ordre des Königs auf den Weg machen würde, doch was sollten mir derlei Hirngespinste, wenn ich nicht einmal imstande war, ein Pferd zu besteigen. In trübseliges Grübeln versunken, saß ich auf meiner Bank und sah, wie sich mit jedem Tag eine größere Schar um Ośródka versammelte – die jungen Dienstmädchen des Gutshauses, die Bauernkinder, manchmal auch der junge Herr und die jungen Fräulein, alle hörten ihrem Reden zu.

»Was sind das für Zusammenkünfte? Wovon wird da gesprochen?«, fragte ich Ryczywolski, der anfangs en passant ein wenig zugehört hatte, bis er sich schließlich mit in die Runde setzte. Später erzählte er mir alles – abends, wenn ich mich zu Bett begab und er mir assistierte, mit seinen zierlichen Händen die stinkende Salbe der Flüsterin auf meine heilenden Wunden strich, welch selbiges Medikament sich im Übrigen als äußerst wirksam erwies.

»Tief im Wald, weit hinter den Sümpfen, so erzählt sie, liegt ein Land, in dem der Mond mit derselben Helligkeit scheint wie die Sonne, die dort weniger leuchtend ist als bei uns.«

Seine Finger glitten über meine ausgelaugte Haut,

massierten meinen Schenkel, damit das Blut leich-
ter durch die Adern flösse.

»In diesem Land leben die Menschen auf den
Bäumen und schlafen in Höhlen in den Stämmen.
Während der Mondtage klettern sie bis hoch in
die Wipfel und setzen ihre nackten Körper dem
Mondlicht aus, wovon sie eine grüne Färbung an-
nehmen. Diesem Licht ist es zu verdanken, dass
sie so wenig essen müssen. Es genügen ihnen die
Beeren des Waldes, Pilze und Nüsse. Und da man
dort keine Äcker bebauen und keine Behausungen
errichten muss, ist ihnen alle Tätigkeit Vergnügen.
Sie kennen weder Herrscher noch Herren, es gibt
weder Bauern noch Priester. Gilt es etwas zu tun,
versammeln sie sich auf einem Baum und beraten,
um dann zu handeln, wie sie beschlossen haben.
Ist jemand nicht einverstanden mit einer Entschei-
dung, lassen sie ihn in Frieden gehen, bedrängen
ihn nicht; er wird ohnehin zurückkommen. Ha-
ben zwei aneinander Gefallen gefunden, bleiben
sie eine Weile zusammen. Kühlen die Gefühle des
einen ab, geht er zu jemand anderem. So kommen
die Kinder auf die Welt. Dem Kind wiederum sind
alle die Eltern, und alle sorgen gerne für jedes
Kind. Manchmal, wenn sie auf den allerhöchsten
Baum klettern, ahnen sie in weiter Ferne unsere
Welt, sehen den Rauch der verheerten Dörfer, rie-
chen den Brandgeruch verkohlter Leichen. Dann

huschen sie rasch unter das Laubdach zurück, sie wollen sich nicht die Augen besudeln mit solchen Bildern, nicht die Nase verderben mit solchen Gerüchen. Die grelle Erscheinung unserer Welt ist ihnen zuwider, sie stößt sie ab. Wie ein Trugbild erscheint sie ihnen, sind doch weder Tataren noch Moskowiter je zu ihnen vorgedrungen. Uns sehen sie als unwirklich an, gleich einem bösen Traum.«

Einmal fragte Ryczywolski Ośródka, ob sie an Gott glaube.

»Was ist das, Gott?«, gab sie zur Antwort.

Seltsam wollte das allen erscheinen, und es hatte zugleich etwas Verlockendes – ein Leben ohne das Bewusstsein der Existenz Gottes. Könnte es nicht leichter sein? Wir müssten uns diese quälenden Fragen nicht stellen. Warum lässt Gott in der von ihm erschaffenen Welt so großes Leiden zu, wenn er doch ein liebender Gott ist, gütig und allmächtig?

Einmal ließ ich sie fragen, wie das grüne Völkchen den Winter verbringe. Am selben Abend noch brachte Ryczywolski die Antwort, und während er meinen armen Schenkel knetete, erzählte er mir, dass sie vom Winter gar nichts wüssten. Wenn die erste Kälte kommt, versammeln sie sich in der größten Höhle eines mächtigen Baumes, schmiegen sich eng aneinander wie Mäuse und fallen in Schlaf. Bald überzieht sie eine dicke Moosschicht, die sie gegen die Fröste schützt, und große Pilze wachsen am Einschlupf der Baumhöhle, sodass sie von außen nicht zu sehen sind. Sie träumen gemeinsam, das heißt, sie »sehen« die Träume anderer. So kennen sie keine Langeweile. Über Winter werden sie sehr mager, und wenn der erste warme Frühlingsmond scheint, klimmen alle in die Baumwipfel und lassen ihre bleichen Leiber von seinen Strahlen berühren, bis sie wieder ihre gesunde grüne Farbe angenommen haben. Auf ihre Art wissen sie sich auch mit den Tieren zu verständigen, und da sie kein Fleisch essen und nicht jagen, sind ihnen die Tiere freundlich gesinnt, helfen ihnen bei diesem und jenem. Ja, die Tiere erzählen ihnen angeblich ihre Geschichten, weshalb die grünen Menschen klüger sind und besser bewandert in den Dingen der Natur.

Dies alles nahm ich für Volksfabeln, und ich dachte bei mir, ob nicht am Ende Ryczywolski alles erfunden hätte. Deshalb näherte ich mich eines Tages mithilfe eines Dieners der Runde, um Ośródka zu belauschen. Zu meinem Erstaunen sprach sie ebenso flüssig wie sicher, und alle hörten ihr in aufmerksamem Schweigen zu. Was nun Ryczywolski womöglich an Eigenem hinzugegeben hatte, vermochte ich nicht zu sagen.

Einmal bat ich ihn, sie nach dem Tod zu fragen. Er brachte mir folgende Antwort:

»Sie sehen sich als Früchte an. Der Mensch ist

eine Frucht, und die Tiere fressen sie. Deshalb binden sie ihre Toten an die Äste eines Baumes und warten, bis die Vögel und die Tiere des Waldes sie gefressen haben.«

Mitte August, als die Sümpfe noch weiter abgetrocknet waren, traf endlich der so lange ersehnte Gesandte des Königs in Hajdamowicze ein. Er kam mit einer Kutsche, eskortiert von einigen bewaffneten Männern. Briefe und Geschenke brachte er, neue Kleidung, manch treffliche Flasche. So gerührt war ich von der Großzügigkeit des Königs, dass ich die Tränen nicht zurückhalten konnte. Meine Freude war unermesslich – in wenigen Tagen sollten wir zurückkehren in die Welt! Hinkend und hüpfend in meinem Überschwang bedachte ich Ryczywolski wieder und wieder mit Küssen. Ich hatte genug von diesem Gutshaus, das so verloren in den morastigen Wäldern stand, genug von dem fauligen Laubgewirr, von all den Mücken, Spinnen, Käfern, all dem wimmelnden Gewürm, genug von den Fröschen, der ewigen Feuchte, dem Brodem des Schlamms, dem betäubenden Dunst der wuchernden Vegetation. Genug! Mich widerte das alles an. Mein kleines Werk über die *plica polonica* hatte ich verfasst, im besten Bemühen um Glaubwürdigkeit. Auch einige der hiesigen Pflanzen hatte ich beschrieben. Was also sollte ich noch hier?

Ryczywolski hingegen teilte meine Freude über

den baldigen Aufbruch nicht. Unruhig war er, verschwand immer wieder, und an den Abenden sagte er mir, er gehe zur Linde, um zu reden und eigene Untersuchungen anzustellen. Ich hätte mir mein Teil dazu denken können, doch war ich zu überwältigt von der Aussicht auf die bevorstehende Abreise, um weitere Gedanken daran zu verschwenden.

Der Vollmond fiel in die ersten Septembertage, und bei jedem Vollmond schlafe ich schlecht. So groß und leuchtend stieg er über den Wäldern und Sümpfen empor, dass man ein Schaudern empfinden wollte. Den ganzen Tag über war ich beschäftigt gewesen, hatte meine Herbarien für die Reise verpackt, rechtschaffen müde war ich, doch fand ich keinen Schlaf, wälzte mich hin und her. Mir schien, als hörte ich ein Flüstern im Haus, das Tapsen kleiner Füße, ein Schlurren und Schleifen, das Knarren einer Türangel. Ich hielt es für Nachtgespinste, doch sollte sich am Morgen zeigen, dass es keine Einbildung gewesen war. Alle Kinder und alle jungen Leute aus dem Gutshaus waren verschwunden, auch die Kinder des Kämmerers, vier Mädchen und ein Junge – vierunddreißig Seelen zusammen, die gesamte Jugend von Hajdamowicze. Nur die Säuglinge, die noch an der Brust lagen, waren verblieben.

Auch mein junger, hübscher Ryczywolski war verschwunden, den ich schon an meiner Seite am französischen Hofe wähnte.

Wie ein Gottesgericht war es über Hajdamowicze hereingebrochen. Die Wehklage der Frauen erhob sich in den Himmel. Rasch verwarf man den Gedanken, die Tataren könnten dahinterstecken. Sie verschleppten, wie jeder wusste, auch Kinder – doch viel zu leise war es vor sich gegangen. So wollte man schließlich annehmen, dunkle Mächte seien im Spiel gewesen, und die Männer wetzten und schliffen, was zur Hand war, Säbel, Sensen, Sicheln, und zogen, nachdem sie sich mehrfach bekreuzigt hatten, in geschlossenem Trupp um die Mittagszeit aus, die Verschwundenen zu suchen. Vergeblich – sie fanden nichts. Gegen Abend erst entdeckten einige Knechte die sterblichen Überreste eines Kindes, hoch in einem Baum. Ein schreckliches Geschrei erhob sich, denn alle erkannten an dem Totenhemd, dass es der Leichnam des Jungen war. Vielmehr – was die Vögel von ihm übrig gelassen hatten.

Alles junge Leben war aus Hajdamowicze entschwunden, die Zukunft war dahin.

Wie eine Mauer stand der Wald. Als wäre er das Heer des mächtigsten Königreichs auf Erden, dessen Herolde eben zum Abzug bliesen. Wohin? In den äußersten Weltenkreis inmitten der Grenzenlosigkeit, jenseits des flimmernden Laubs, jenseits der leuchtenden Tupfen, in die Gefilde der ewigen Schatten.

Drei Tage wollte ich noch warten. Dann schrieb ich eine Botschaft für Ryczywolski: »Solltest Du zurückkehren – wo immer ich dann weilen werde, komm!«

Am vierten Tag begriffen wir alle, dass wir die jungen Menschen nicht mehr sehen würden, in die Mondwelt waren sie entschwunden.

Als die königliche Kutsche sich auf den Weg machte, brach ich in Tränen aus, doch nicht meines Beines wegen, das mich noch immer plagte; was mich erschütterte, reichte tiefer. Und ich verließ den letzten Kreis der Welt, seine von Feuchtigkeit gedunsenen Randbezirke, seinen nirgends verzeichneten Schmerz, seine im Unsteten schwimmenden Horizonte, hinter denen sich das Große Nichts erstreckt. Und ich bewegte mich wieder auf das Zentrum zu, jene Sphäre, in der alles auf Zuruf seinen Sinn erhält, zu einem schlüssigen Ganzen sich fügt.

Hiermit halte ich also fest, was ich gesehen habe in jenem Grenzland der Ferne, notiere meine Erlebnisse, im lauteren Bestreben, nichts auszulassen, nichts hinzuzudichten, in der Hoffnung, dass der Leser mir zu begreifen helfe, was sich dort zugetragen hat und was ich selbst mit Mühe nur erfassen kann, prägen uns doch die Ränder der Welt für immer eine rätselhafte Ohnmacht auf.

D. H. Lawrence

Der Mann, der Inseln liebte

Die erste Insel

Es war einmal ein Mann, der liebte Inseln. Er war auf einer geboren, aber die gefiel ihm nicht, denn es wohnten zu viele andere dort. Er wollte eine Insel ganz für sich – nicht unbedingt um in Einsamkeit dort zu leben, aber um sie zu seiner eigenen Welt zu machen, einer Welt für sich.

Wenn eine Insel eine bestimmte Größe überschreitet, dann ist sie nicht besser als jedes Festland. Sie muss recht klein sein, erst dann fühlt sie sich auch wie eine Insel an; und am Ende dieser Geschichte wird man sehen, wie winzig klein sie sein muss, bevor ein Mensch glauben kann, er könne sie ganz mit seiner eigenen Persönlichkeit erfüllen.

Nun ergab es sich, dass dieser Inselliebhaber, inzwischen fünfunddreißig Jahre alt, tatsächlich eine Insel erwarb. Es war zwar kein Grundbesitz, aber er hatte sie auf neunundneunzig Jahre gepachtet, und das ist doch, wenn es einen Mann und eine Insel anbetrifft, schon beinahe ewig.

Denn wenn ein Mann vom Schlage Abrahams ist und will, dass seine Nachkommen zahlreich sind wie der Sand am Ufer des Meeres, dann gründet er seine Familie nicht auf einer Insel. Nicht lange, und es würde Übervölkerung herrschen; Gedränge, Slums würden entstehen. Und das ist ein grässlicher Gedanke für jemanden, der eine Insel ihrer Einsamkeit wegen liebt. Nein, eine Insel ist ein Nest mit nur einem Ei darin, einem einzigen. Und dieses Ei ist der Inselbewohner selbst.

Die Insel, die unser zukünftiger Insulaner erworben hatte, lag nicht in den Weiten des Ozeans. Sie lag ganz nah bei seinem Zuhause, keine Palmen, kein Tosen der Brandung auf dem Riff, überhaupt nichts in dieser Art, aber ein gutes, solides Wohnhaus, recht düster, oberhalb des Bootsanlegers, und weiter im Inneren ein kleines Bauernhaus mit Nebengebäuden und einigen Feldern ringsum. Unten an der schmalen Hafenbucht standen in einer Reihe drei Häuschen, wie die Küstenwache sie früher gern baute, sehr hübsch und weiß gestrichen.

Was hätte gemütlicher und anheimelnder sein können? Es waren vier Meilen, wenn man die Insel einmal ganz umrundete, durch Stechginster und Schlehdorn, oben über die steilen Felsenklippen und hinunter zu den Lichtungen mit den Schlüsselblumen. Wenn man quer hindurch über die Buckel der zwei kleinen Hügel wanderte, über die steinigen Wiesen, wo wiederkäuend die Kühe lagerten, durch das recht spärliche Haferfeld und wieder hinaus in den Ginster und immer so weiter bis an die Kante des niedrigen Kliffs, brauchte man nur zwanzig Minuten. Und wenn man an dieser Kante ankam, sah man eine weitere, größere Insel in der Ferne liegen. Doch zwischen dieser und der anderen Insel lag die See. Und wenn man dann über die Wiese wieder zurückkehrte, wo einen die kräftigen Butterblumen des Hügellands grüßten, sah man im Osten noch eine Insel, winzig diesmal, als wäre sie das Kalb zu dieser Kuh. Und auch diese winzige Insel gehörte dem Insulaner.

Es scheint also, sogar Inseln haben gern Gesellschaft.

Unser Bewohner liebte seine Insel sehr. Zu Frühlingsbeginn waren die schmalen Pfade und die kleinen Waldwiesen ein Schnee aus Schlehdornblüten, ein flirrendes Weiß inmitten der keltischen Stille des dichten Grüns und der grauen Felsen; Amseln riefen aus diesem Meer weißer Blüten ihr erstes langes, triumphierendes Lied. Nach dem Schlehdorn, den Schlüsselblumen, die sich an den Boden schmiegten, erschienen blau die Hyazinthen, wie Elfenseen, wehende blaue Laken zwischen den Büschen und unter den Bäumen. Und viele Vögel, in deren Nester man schauen konnte, wenn die

Insel einem ganz allein gehörte. Was für ein Wunder, wie großartig war diese Welt!

Dann kam der Sommer, die Schlüsselblumen waren verblüht, Heckenrosen verströmten ihren leisen Duft im Dunst. Auf der Wiese wurde Heu gemacht, und der Fingerhut stand dabei und schaute zu. In einer kleinen Bucht lag Sonne auf dem hellen Granit, dort wo man badete, und Schatten auf den Felsen. Schon stahl der Nebel sich herbei, und man ging zwischen reifendem Hafer nach Hause; das Gleißen der See verlor sich in der hohen Luft, und von der anderen Insel kam das Muhen des Nebelhorns. Und dann verschwand der Nebel, der vom Meer aufstieg, wieder, es wurde Herbst, die Halme des Hafers lagen gebündelt; riesig, auch er eine Insel, erhob sich golden der Mond aus dem Meer und tauchte, wenn er höher stieg, die Wasserwelt in Weiß.

So endete der Herbst mit Regen, und der Winter kam, finsterer Himmel, Feuchtigkeit und Regen, doch selten Frost. Die Insel, die eigene Insel, duckte sich düster, sie entzog sich. Man spürte unten in den feuchten, finsteren Niederungen den Geist des Beharrens, zusammengerollt wie ein nasser, knurriger Hund oder wie eine Schlange, weder wach noch schlafend. In der Nacht dann, wenn der Wind nicht mehr in Stürmen und Stößen wehte wie auf See, da spürte man, dass diese

Insel ein Universum war, so alt und grenzenlos wie das Dunkel, gar keine Insel, sondern eine unendliche dunkle Welt, wo all die Seelen all der Nächte aller Zeiten weiterlebten, und die unendliche Ferne war nah.

Seltsam, wie man von dieser kleinen Insel im Raum in die dunkle, weite Sphäre der Zeit gekommen war, wo all die unsterblichen Seelen überallhin kreuz und quer unterwegs sind, mit allerlei Dingen beschäftigt. Die kleine irdische Insel ist, ein bloßes Sprungbrett, zu Nichts geschwunden, und gesprungen ist man, man weiß nicht wie, in das dunkle, große Geheimnis der Zeit, wo die Vergangenheit voller Leben ist und die Zukunft nicht von allem anderen geschieden.

Das ist die Gefahr dabei, wenn man zum Inselbewohner wird. Solange man in der Großstadt unterwegs ist, Hundedeckchen über den Schuhen, solange man darauf achten muss, dem Straßenverkehr zu entkommen, immer mit der Todesfurcht im Nacken, bleibt man gefeit gegen die Unendlichkeit der Zeit. Dann ist der Augenblick unsere Insel in der Zeit, und es ist das Universum des Raumes, das um uns wogt.

Sitzt man aber erst einmal für sich allein auf einer kleinen Insel im Meer des Raumes, wo der Augenblick zu atmen beginnt, sich auszuweiten in großen Kreisen, dann verschwindet der feste Boden unter den Füßen, und unsere glitschige, nackte, finstere Seele findet sich in der zeitlosen Welt wieder, wo die Triumphwagen der Totgesagten die alten Straßen der Jahrhunderte hinauf- und wieder hinunter- preschen, und die Seelen drängen sich auf den Fußwegen, die wir, im Augenblick gefangen, ver- gangene Jahre nennen. Die Seelen sämtlicher Toten sind wieder lebendig, sie pulsieren munter um uns her. Jetzt sind wir draußen in der anderen Unend- lichkeit.

Etwas in dieser Art ging mit unserem Insulaner vor. Geheimnisvolle »Empfindungen« stellten sich ein, Gefühle, an die er nicht gewohnt war; er spürte die Gegenwart früherer, längst verstorbener Men- schen und anderes mehr; Männer aus Gallien, mit gewaltigen Schnurrbärten, die einmal auf seiner Insel gelebt hatten und von dem Erdboden ver- schwunden waren, doch nicht aus der Nachtluft. Sie waren noch immer da, hievten ihre massigen, ungestümen, ungesehenen Leiber durch die Nacht. Und es gab Priester mit goldenen Sicheln und Mistelzweigen; dann andere Priester mit einem Kruzifix; dann Piraten, Mörder zur See.

Unser Inselbewohner wurde unruhig. Bei Tage glaubte er von all diesem Unsinn nichts. Aber bei Nacht war es einfach so. Er hatte sich selbst auf einen einzigen Punkt im Raum verkleinert, und da ein Punkt nun einmal weder Länge noch Breite hat, führte sein nächster Schritt von da zwangs-läufig anderswohin. So wie man einen Schritt ins Meer machen muss, wenn das Wasser einem den Boden unter den Füßen fortspült, so musste er bei Nacht in jene andere Welt eintreten, in der die Zeit keinen Tod kannte.

Es war unheimlich, wie deutlich er, wenn er im Dunkeln dort lag, spürte, dass der Schlehdorn-hain, selbst im Reich von Raum und Tag immer ein wenig gespenstisch, bei Nacht der laute Ruf alter Männer einer unsichtbaren Rasse war, die sich rings um den Opferstein versammelten. Was bei Tage eine Ruine unter den Hainbuchen war, wurde in der Unaussprechlichkeit der Nacht zum Stöh-nen blutüberströmter Priester mit ihren Kruzi-fixen. Was eine Höhle war, ein verborgener Strand zwischen schroffen Felsen, war in der undurch-dringlichen Schwärze ein Fluch von scharlachroten Piratenlippen.

Um dieser Art von Bewusstsein zu entrinnen, konzentrierte sich unser Bewohner bei Tage auf das materiell Greifbare der Insel. Warum sollte es denn nicht doch noch die Insel der Glückseligen werden? Warum nicht die letzte, kleinste Insel der Hesperi-den, der vollkommene Ort, ganz erfüllt von seinem eigenen freundlichen Geist, einem Geist wie einer Blüte? Eine winzige Welt schierer Vollkommenheit, menschengemacht, von ihm selbst gemacht.

Er fing an, wie wir alle anfangen, wenn wir das Paradies zurückerobern wollen, nämlich damit, dass er Geld ausgab. Das alte, halb herrschaftliche Gutshaus richtete er her, ließ mehr Licht hinein, bedeckte die Böden mit hübschen, hellen Teppichen, hängte an den düsteren Fenstern helle Vorhänge mit Blütenmuster auf, füllte den Felsenkeller mit Wein. Er brachte aus der Welt eine dralle Haushälterin mit und einen sanften, äußerst gewandten Butler. Auch sie sollten Inselbewohner sein.

Ins Bauernhaus steckte er einen Verwalter mit zwei Hilfsburschen. Jerseykühe grasten zwischen den Ginsterbüschen, und ihre Glocken klimperten gemächlich. Mittags wurde zu Tisch gerufen, am Abend, wenn Ruhe einkehrte, rauchten friedlich die Schornsteine.

Ein schmuckes Segelboot mit Motor schaukelte im Schutze der Bucht, gerade unterhalb der drei Häuschen. Es gab auch eine kleine Jolle, und zwei Ruderboote waren auf den Sand gezogen. Ein Fischernetz trocknete auf Stäben, eine Bootsladung frischer weißer Bohlen war kreuzweise geschichtet, eine Frau ging eben mit einem Eimer zum Brunnen.

Im hintersten Häuschen wohnte der Skipper der Yacht mit Frau und Sohn. Er stammte von der anderen, großen Insel, er kannte sich aus auf diesem Meer. An jedem schönen Tag fuhr er mit seinem

Sohn zum Fischen aus, an jedem schönen Tag gab es auf der Insel frischen Fisch.

Im mittleren Häuschen wohnte ein altes Ehepaar, einander schon ewig verbunden. Der alte Mann war Zimmermann und erledigte alle erdenklichen Aufgaben. Er war immer bei der Arbeit, immer hörte man seine Säge oder seinen Hobel – er verlor sich ganz in seine Arbeit, seine eigene Insel.

Der Bewohner des dritten Häuschens war der Maurer, ein Witwer mit einem Sohn und zwei Töchtern. Zusammen mit seinem Jungen hob dieser Mann Gräben aus und errichtete Zäune, mauerte Stützpfeiler oder einen neuen Anbau und schlug Stein in dem kleinen Steinbruch. Seine Töchter arbeiteten im Gutshaus.

Es war eine stille, geschäftige kleine Welt. Wenn man als Gast des Insulaners herüberkam, lernte man als Erstes den schwarzbärtigen, hageren, lächelnden Skipper kennen, Arnold, dann Charles, seinen Sohn. Im Hause wurde man von dem gewandten Butler bedient, der viel in der Welt umhergekommen war und jenes eigentümliche, entwaffnende, samtigweiche Klima des Luxus zu schaffen verstand, wie es nur ein perfekter Diener zustande bringt, einer, dem man nie ganz trauen kann. Er entwaffnete einen, und so kam man in seine Gewalt. Die dralle Haushälterin lächelte und behandelte den Gast mit jener feinfühlig respektvollen Vertraulichkeit, die man nur den wahrhaft Vornehmen erweist. Und das rotbackige Dienstmädchen bestaunte einen wie ein Wunder, weil man doch aus der großen Welt draußen kam. Als Nächstes lernte der Gast den Verwalter kennen, freundlich, doch stets auf der Hut, ein Mann aus Cornwall, und den schüchternen Hilfsburschen aus Berkshire, mit seiner adretten Frau und zwei kleinen Kindern, dann den zweiten, reichlich mürrischen aus Suffolk. Der Maurer, der aus Kent kam, war draußen auf dem Hof gern zu einem Schwätzchen bereit, wenn man ihn ließ. Nur der alte Zimmermann war schroff und mit anderem beschäftigt.

Es war also eine kleine Welt ganz für sich, alle fühlten sich sehr geborgen darin und waren ausgesprochen freundlich zu den Besuchern, sodass man sich als etwas ganz Besonderes fühlte. Aber es war nicht die Welt des Besuchers, sondern die des Insulaners. Er war der Herr. Das ganz besondere Lächeln, die besondere Aufmerksamkeit galten dem Herrn. Alle wussten, wie gut sie es getroffen hatten. Und so war der Insulaner nun nicht mehr Mr Soundso. Für alle auf der Insel, auch für die Besucher, war er »der Herr«.

Ja, es war ideal. Der Herr war kein Tyrann. Ganz und gar nicht! Er war ein feinfühliger, aufmerksamer, großzügiger Herr, der sich wünschte, dass alles vollkommen sei und jedermann glücklich. Und er selbst wollte natürlich der Quell all dieses Glücks und dieser Vollkommenheit sein.

Und er war auf seine Weise ein Dichter. Er behandelte seine Gäste fürstlich, seine Dienerschaft großzügig. All das tat er mit Geschick und großer Klugheit. Er kehrte gegenüber seinen Leuten nie den Gutsherrn heraus. Und doch behielt er alles im Auge, wie ein kluger junger Hermes mit seinen blauen Augen. Und es war verblüffend, über welches Maß an Wissen er verfügte. Verblüffend, was er über Jerseykühe wusste, über Käseherstellung, das Anlegen von Gräben und Zäunen, über Schiffe und über das Segeln. Er konnte Auskunft geben zu jeder Frage, und diese Auskünfte gab er seinen Leuten auf eine kuriose, halb ironische, halb hochfliegende Art, so als gehöre er tatsächlich zu der seltsamen, halb wirklichen Welt der Götter.

Den Hut in der Hand hörten sie ihm zu. Er trug gern weiße Kleider, oder cremefarbene, und Mäntel, breitkrempige Hüte. Bei schönem Wetter war es also für den Verwalter ein vertrauter Anblick, wenn die hohe, elegante Gestalt im cremefarbenen Sergeanzug über die Felder geschwebt kam wie ein Vogel, um zu schauen, wie es mit dem Unkrautjäten bei den Rüben voranging. Dann wurden Hüte gezogen, man hörte wunderliche, kluge, geistreiche Reden, auf die der Verwalter bewundernswerte

Erwiderungen parat hatte, und die Hilfsburschen lauschten still und staunend, auf ihre Hacke gestützt. Der Verwalter wurde geradezu zärtlich, wenn er mit dem Gutsherrn sprach.

Oder er stand an einem windigen Morgen mit wehendem Mantel im salzigen Seewind, am Rand des Grabens, mit dem ein kleiner Sumpf trockengelegt wurde, wo er im Ansturm des Winds mit dem Mann unten bei der Arbeit redete, der gleichmütig, mit unergründlichem Blick, zu ihm aufsah. Oder man erblickte ihn, wie er an einem regnerischen Abend über den Hof huschte, die breite Hutkrempe tief hinabgezogen. Dann rief die Bauersfrau eilig: »Der Herr! Steh auf, John, mach ihm Platz auf dem Sofa.« Und wenn die Tür sich einen Spaltbreit öffnete: »Was sagt man dazu, der Herr kommt uns besuchen! An so einem Abend machen Sie sich auf, um Leute wie uns zu besuchen?« Der Verwalter nahm ihm den Mantel ab, die Bauersfrau den Hut, die beiden Burschen rückten mit ihren Stühlen zurück, er setzte sich aufs Sofa und zog ein Kind zu sich heran. Er sei großartig im Umgang mit Kindern, rede mit ihnen ganz großartig, man denke ja an unseren Heiland höchstpersönlich, sagte die Frau.

Immer wurde er mit einem Lächeln begrüßt, immer mit derselben eigentümlichen Demut, als wäre er ein höheres, aber auch zerbrechlicheres Wesen.

Sie gingen, könnte man sagen, beinahe zärtlich mit ihm um, beinahe schmeichlerisch. Aber wenn er wieder fort war oder wenn sie über ihn sprachen, stand auf ihren Gesichtern oft ein leises, spöttisches Lächeln. Vor »dem Herrn« musste man keine Angst haben. Den ließ man am besten einfach gewähren. Nur der alte Zimmermann war bisweilen tatsächlich unfreundlich zu ihm; deshalb mochte er den alten Mann auch nicht.

Man muss zweifeln, ob überhaupt einer von ihnen ihn wirklich gern hatte, von Mann zu Mann oder auch von Frau zu Mann. Aber ebenso muss man bezweifeln, ob er wirklich einen von ihnen gern hatte, von Mann zu Mann oder Mann zu Frau. Er wollte, dass sie glücklich waren, er wollte Vollkommenheit für seine kleine Welt. Aber jeder, der sich die Welt vollkommen wünscht, muss sich vor echten Vorlieben oder Abneigungen hüten. Ein allgemeines, unbestimmtes Wohlwollen, mehr kann er sich in so einem Fall nicht leisten.

Doch traurige Tatsache ist, dass allgemeines Wohlwollen immer ein klein wenig als Kränkung empfunden wird, einfach weil es allgemein ist; und so entsteht eine besondere Art von Gehässigkeit daraus. Allgemeines Wohlwollen muss also eine Form von Egoismus sein, denn sonst käme nicht so etwas dabei heraus!

Allerdings hatte unser Insulaner seine eigenen

Ressourcen. Viele Stunden verbrachte er in seiner Bibliothek, denn er stellte ein Nachschlagewerk zusammen, das sämtliche bei den griechischen und lateinischen Autoren erwähnten Pflanzennamen verzeichnen sollte. Nicht dass er Altphilologe gewesen wäre; er wusste nur das, was man auf der höheren Schule lernte. Aber heutzutage gibt es so ausgezeichnete Übersetzungen. Und es war so ein Vergnügen, Blume um Blume ausfindig zu machen, wie sie in der Antike einst blühten.

So verging das erste Inseljahr. Eine Menge war getan worden. Jetzt kam eine Flut von Rechnungen, und der Herr, stets gewissenhaft, machte sich daran, sie zu studieren. Dieses Studium ließ ihn bleich zurück, er musste um Atem ringen. Er war kein reicher Mann. Er wusste, dass er einen großen Teil seines Kapitals hergegeben hatte, um die Wirtschaft der Insel in Gang zu bringen. Wenn er aber nun genauer hinschaute, sah er, dass außer diesem Loch, das er in seine Geldvorräte gerissen hatte, kaum noch etwas da war. Tausende und Abertausende von Pfund hatte die Insel verschlungen, und nichts blieb davon zurück.

Aber jetzt mussten doch die größten Ausgaben getan sein! Zweifellos würde sich die Insel von jetzt an selbst tragen, auch wenn sie keinen Profit abwarf! Er war über den Berg, das konnte gar nicht anders sein. Er bezahlte einen Gutteil der

Rechnungen und schöpfte ein wenig Mut. Aber es war doch ein Schrecken gewesen, und im nächsten Jahr, im kommenden Jahr, mussten sie besser wirtschaften, mussten sie sparsamer sein. Das sagte er seinen Leuten auch, in einfachen und rührenden Worten. Und sie antworteten:

»Aber ja! Versteht sich!«

Da saß er also, während draußen der Wind blies und der Regen prasselte, mit dem Verwalter bei einer Pfeife und einem Krug Bier in seiner Bibliothek und besprach mit ihm die Pläne für den Bauernhof. Er hob sein schmales, ansehnliches Gesicht, und die blauen Augen nahmen einen verträumten Ausdruck an. »Was für ein Wind das ist!« Er toste wie Kanonendonner. In Gedanken sah er seine Insel, wie gegen das Ufer der Schaum peitschte, jede Landung war unmöglich, und diese Vorstellung machte ihn glücklich ... Nein, er durfte sie nicht verlieren. Mit dem Schwung neuer Energie wandte er sich wieder den landwirtschaftlichen Unternehmungen zu, seine Hände waren ständig in Bewegung, und der Verwalter versicherte ihm: »Ja, Sir! Genau, Sir! Da haben Sie recht, Herr!«

Aber in Wirklichkeit hörte der Mann kaum zu. Er schaute das blaue Sommerhemd des Herrn an, die kuriose rosa Krawatte mit dem flammendroten Stein, die emaillierten Manschettenknöpfe und den Ring mit dem seltsamen Skarabäus. Die braunen forschenden Augen dieses erdverbundenen Mannes wanderten mehrfach über die makellose, vornehme Gestalt des Herrn, mit einem bedächtigen Staunen, als nehme er Maß. Aber wenn er dem Herrn dabei in die strahlenden, begeisterten Augen schaute, leuchtete in seinen eigenen eine verhaltene Herzlichkeit und Demut auf, und er senkte den Kopf ein klein wenig.

So entschieden sie gemeinsam, welche Getreide gesät werden sollten, welche Dünger man wo verwenden wollte, welche Schweinerasse eingeführt werden sollte, welche Truthühner. Anders gesagt, der Verwalter hielt sich, indem er in allem vorsichtig dem Herrn zustimmte, heraus und ließ dem jungen Mann seinen Willen.

Der Herr wusste, wovon er redete. Er hatte ein Talent, bei jedem Buch, das er las, das Wesentliche zu erkennen, und wendete sein Wissen auch an. Alles in allem waren seine Vorstellungen vernünftig. Und der Verwalter wusste das auch. Aber seine Begeisterung teilte der erdverbundene Mann nicht. In den braunen Augen stand das herzlich demütige Lächeln, doch die Lippen blieben zusammengekniffen. Der Herr schürzte die seinen ausdrucksvoll wie ein Junge, wenn er mit viel Geschick dem anderen seine Ideen beschrieb, und der Verwalter sandte bewundernde Blicke, aber mit dem Herzen war er nicht dabei, er beobachtete den Herrn lediglich, wie er ein seltsames, fremdartiges Tier beobachtet hätte, ohne jedes Mitgefühl, so als gehe es ihn nichts an.

Dann war alles entschieden, und der Herr läutete nach Elvery, dem Butler, und bestellte ein Sandwich. Er, der Herr, war zufrieden. Der Butler sah das und kehrte mit Anchovis- und Schinkensandwiches zurück und einer frisch geöffneten Flasche Wermut. Eine frisch geöffnete Flasche gab es immer.

Genauso ging es mit dem Maurer. Der Herr und er besprachen das Trockenlegen eines Stücks Land, und weitere Röhren wurden bestellt, mehr von einer bestimmten Sorte Backstein, mehr von diesem und von jenem.

Endlich stellte sich schönes Wetter ein, es ergab sich eine gewisse Flaute in den anstrengenden Arbeiten auf der Insel. Der Herr machte einen kleinen Ausflug mit seiner Yacht. Eigentlich war es keine Yacht, nur eine besonders hübsche Jolle. Sie segelten an der Festlandküste entlang und legten in den Häfen an. In jedem Hafen kam ein Freund an Bord, der Butler servierte elegante kleine Mahlzeiten in der Kajüte. Im Gegenzug lud man den Herrn in Villen ein, in Hotels, seine Leute brachten ihn an Land wie einen Fürsten.

Und ach, als wie teuer erwies all das sich! Er musste telegrafisch Geld von seiner Bank kommen lassen. Und er fuhr wieder nach Hause, um zu sparen.

Die Dotterblumen waren eine Pracht in dem Stückchen Sumpf, das er trockenlegen wollte. Jetzt bedauerte er beinahe das begonnene Werk, denn die gelben Schönheiten würden nicht noch einmal blühen.

Der Herbst kam, eine reiche Ernte. Da musste es ein Erntedankfest geben. Die große Scheune war jetzt vollständig wiederhergerichtet und erweitert. Die langen Tische hatte der Zimmermann gebaut. Von den hohen Dachbalken hingen Laternen. Die gesamte Einwohnerschaft war versammelt. Der Verwalter hatte den Vorsitz. Es war eine fröhliche Versammlung.

Gegen Ende des Festmahls gesellte der Herr, in einer samtenen Jacke, sich zu seinen Gästen. Daraufhin erhob der Verwalter sich und brachte einen Trinkspruch aus: »Auf den Gutsherrn! Ein langes und gesundes Leben unserem Herrn und Meister!« Alle tranken begeistert, unter Beifallsrufen, auf sein Wohl. Der Herr antwortete darauf mit einer kurzen Ansprache: Sie seien ja auf der Insel eine kleine Welt für sich. Auf sie alle komme es an, wenn sie aus dieser kleinen Welt eine Welt wahren Glücks und echter Zufriedenheit machen wollten. Jeder müsse seinen Beitrag leisten. Er selbst, wolle er hoffen, tue, was er könne, denn sein Herz gehöre seiner Insel, und den Menschen auf seiner Insel.

Darauf erwiderte der Butler: Solange die Insel einen solchen Herrn habe, könne sie gar nichts anderes sein als der Himmel auf Erden für die Menschen, die dort lebten. – Beherzt stimmten Verwalter und Maurer ihm zu, der Skipper war selig vor Glück. Danach wurde getanzt, und der alte Zimmermann spielte die Geige.

Und doch, die Dinge standen nicht zum Besten. Schon am nächsten Morgen kam der Junge vom Bauernhof und meldete, eine Kuh sei über die Klippe gestürzt. Der Herr ging hin und besah sich das Unglück. Er spähte über den nicht allzu hohen Abhang und sah, wie sie tot dort unten lag, auf einem grünen Grat unterhalb von spät blühendem Ginster. Ein schönes, wertvolles Geschöpf, und nun sah sie schon aufgedunsen aus. Aber was war sie so dumm gewesen, so ohne allen Grund hinunterzufallen!

Er musste mehrere Männer zusammenholen, die sie nach oben hievten. Und dann musste sie gehäutet und begraben werden. Niemand wollte das Fleisch essen. Wie abstoßend das alles war!

Es stand als Sinnbild für die ganze Insel. Man konnte sicher sein: Sobald sich in den Herzen der Bewohner eine Spur von Freude zeigte, schlug boshaft eine unsichtbare Hand aus dem Verborgenen zu. Es durfte kein Glück geben, nicht einmal einen stillen Frieden. Ein Mann brach sich ein Bein, ein anderer konnte sich vor Rheuma kaum noch regen. Eine unbekannte Krankheit suchte die Schweine heim. Ein Sturm stieß die Yacht auf ein Riff. Der Maurer entwickelte einen Hass auf den Butler, und seine Tochter durfte nicht mehr zu ihrer Anstellung ins Gutshaus.

Aus dem Blauen heraus kam eine versteinerte, verknöcherte Bösartigkeit. Die Insel selbst schien bösartig. Wochenlang konnte sie gehässig sein, Schmerz zufügen. Dann plötzlich zeigte sie sich wieder von ihrer guten Seite, lieblich wie ein Morgen im Paradies, schön und harmonisch. Und dann spürten alle eine große Erleichterung in sich aufkommen, eine Hoffnung auf Glück.

Und wenn dann der Gutsherr innerlich aufblühte, geschah irgendein hässliches Unglück. Jemand schickte ihm einen anonymen Brief, in dem er jemand anderen auf der Insel beschuldigte. Ein anderer kam und ließ gehässige Andeutungen über jemanden aus der Dienerschaft fallen.

»Manche denken wohl, sie können sich hier draußen ein feines Leben machen, die sitzen wie die Made im Speck!«, schrie die Maurerstochter den weltgewandten Butler an, und zwar so, dass der Herr es hören musste. Er tat, als habe er es nicht gehört.

»Mein Mann sagt, die Insel hier muss eine von den mageren Kühen Ägyptens sein«, meinte die Frau des Hilfsburschen auf dem Bauernhof einmal zu einem Gast des Gutsherrn. »Die verschlingt das Geld in Massen, und man bekommt nie was dafür zurück.«

Die Menschen waren nicht zufrieden. Sie waren keine Inselfreunde. »Uns scheint, wir tun nicht das Rechte für unsere Kinder«, sagten diejenigen, die Kinder hatten. »Uns scheint, wir tun nicht das Rechte für uns selbst«, sagten diejenigen, die keine Kinder hatten. Und es dauerte nicht lange, bis die einzelnen Familien einander hassten.

Dabei war die Insel so wunderschön. Wenn der Duft von Geißblatt in der Luft lag, wenn das Mondlicht auf dem Meer glitzerte, spürten selbst die schlimmsten Verächter eine seltsame Zuneigung zu ihr. Man hatte Sehnsucht nach dieser Insel, flammende Sehnsucht; vielleicht nach der Vergangenheit, man wollte in die geheimnisvolle Vergangenheit der Insel eintauchen, als das Blut in den Leibern noch anders pochte. Seltsame Leidenschaften überkamen einen, seltsame, wilde Gelüste und Gewaltphantasien. Das Blut und die Leidenschaft und die Lust, wie die Insel sie gekannt hatte. Gespenstische Träume, Träume im Dämmerzustand, Sehnsüchte, die nur halb an die Oberfläche gelangten.

Der Herr selbst fürchtete sich allmählich ein we-
nig vor seiner Insel. Er spürte an diesem Ort in
sich eine Gewalttätigkeit, die er nie zuvor gespürt,
ein lüsternes Begehren, das er nie gekannt hatte.
Inzwischen wusste er gut genug, dass die Bewoh-
ner seiner Insel ihn keineswegs liebten. Er wusste,
dass sie insgeheim gegen ihn standen, dass sie hin-
terhältig, gehässig, neidisch waren und nur darauf
warteten, ihn zu Fall zu bringen. Und er wurde
genauso misstrauisch und verschlossen gegen sie.

Aber es war zu viel. Am Ende des zweiten Jahrs
verließen mehrere Bewohner die Insel. Die Haus-
hälterin ging. Wichtigtuerische Frauen bekamen die
Vorwürfe des Herrn stets am meisten zu hören. Der
Maurer verkündete, er lasse sich nicht länger her-
umkommandieren, und zog mitsamt seiner Familie
fort. Der Landarbeiter mit dem Rheuma reiste ab.

Und dann kamen die Jahresrechnungen, der
Herr machte die Bücher. Trotz guter Ernte wa-
ren die Einkünfte lächerlich im Vergleich zu den
Ausgaben. Wieder hatte die Insel Verlust gemacht,
und zwar nicht Hunderte, sondern Tausende von
Pfund. Es war unglaublich. Man konnte es einfach
nicht begreifen. Wo war das ganze Geld geblieben?

Der Herr verbrachte finstere Nächte und Tage,
saß in der Bibliothek und ging Rechnungen und
Aufstellungen durch. Er war gründlich. Jetzt, wo sie
fort war, stellte sich heraus, dass die Haushälterin

ihn betrogen hatte. Vermutlich betrogen sie ihn alle. Aber die Vorstellung war ihm unangenehm, also dachte er nicht mehr daran.

Doch irgendwann war die Rechnung, die nicht aufgehen wollte, abgeschlossen, und er kam wieder ins Freie, bleich und hohläugig, er sah aus, als habe er einen Tritt in den Bauch bekommen. Es war erbärmlich. Aber das Geld war fort, da war nichts zu machen. Wieder ein großes Loch in seinem Vermögen. Wie konnten Menschen nur so herzlos sein?

So konnte es nicht weitergehen, das lag auf der Hand. Binnen Kurzem würde er bankrott sein. Zu seinem Bedauern musste er den Butler entlassen. Er wollte lieber nicht nachrechnen, um wie viel der Butler ihn betrogen hatte. Schließlich war er doch ein so wunderbarer Butler. Auch der Verwalter musste gehen. Ihn ließ der Herr ohne Bedauern ziehen. Die Verluste des Bauernhofs hatten ihn schon beinahe zermürbt.

Das dritte Jahr stand ganz im Zeichen strenger Sparmaßnahmen. Auch weiterhin blieb die Insel geheimnisvoll und faszinierend. Aber sie war auch verräterisch und grausam, auf eine unterschwellige, unergründliche Weise böswillig. So schön die weißen Blumen blühten, die Hasenglöckchen, so würdig und anmutig der Fingerhut seine rosaroten Kelche neigte, sie war der unerbittliche Feind.

Mit weniger Angestellten, weniger Lohn, weniger Gepränge verging das dritte Jahr. Aber der Kampf war aussichtslos. Noch immer verlor der Bauernhof viel Geld. Und wieder blieb in dem, was an Kapital noch vorhanden war, ein Loch. Ein Loch in dem, was ja ohnehin nur noch ein schmaler Rand um die beiden anderen Löcher gewesen war. Auch in dieser Hinsicht war die Insel geheimnisvoll: Es war, als zöge sie einem das Geld geradewegs aus den Taschen, als wäre sie ein Krake mit acht unsichtbaren Armen, die aus jeder erdenklichen Richtung zugriffen.

Der Herr liebte sie noch immer. Doch nun war ein Hauch Verbitterung dabei.

So kam es, dass er in der zweiten Hälfte des vierten Jahres alles daransetzte, sie auf dem Festland zu verkaufen. Und er staunte, wie viel Mühe es machte, eine Insel loszuwerden. Er hatte geglaubt, alle sehnten sich danach, eine Insel wie die seine zu besitzen; aber das war ganz und gar nicht so. Keiner wollte ihm überhaupt etwas dafür geben. Und mittlerweile wollte er sie nur noch loswerden, wie ein Mann, der um jeden Preis eine Scheidung will.

Erst Mitte des fünften Jahres konnte er sie, unter beträchtlichen finanziellen Verlusten, an einen Hotelunternehmer übergeben, der bereit war, in sie zu investieren. Er wollte ein günstig gelegenes Paradies für Flitterwöchner und Golfer daraus machen!

Das hast du nun davon, Insel, die du nicht begreifen wolltest, wann du es gut hattest! Soll doch eine Flitterwöchner-und-Golferinsel aus dir werden!

Die zweite Insel

Der Insulaner musste sich einen neuen Ort suchen. Aber er ging nicht aufs Festland. O nein! Er zog auf die kleinere Insel, die ihm nach wie vor gehörte. Und er nahm den treuen alten Zimmermann und dessen Frau mit, gerade die beiden, die er nie gemocht hatte; dazu eine Witwe und ihre Tochter, die ihm im letzten Jahr den Haushalt geführt hatten; und einen Waisenjungen als Helfer für den alten Mann.

Die kleine Insel war sehr klein; aber da sie als Hügel im Meer stand, war sie doch größer, als sie aussah. Es gab einen schmalen Pfad zwischen Felsen und Büschen, er wand sich mühsam bergauf und bergab über die Insel, sodass es doch zwanzig Minuten dauerte, sie zu umrunden; das war mehr, als man gedacht hätte.

Aber es war eine Insel. Der Insulaner zog mit all seinen Büchern in das unscheinbare, sechs Zimmer große Haus, zu dem man von der felsigen Anlegestelle hinaufklettern musste. Außerdem gab es zwei

Häuschen, Wand an Wand gebaut. In dem einen wohnte der alte Zimmermann mit seiner Frau und dem Jungen, in dem anderen die Witwe mit ihrer Tochter.

Endlich war alles bereit. Die Bücher des Herrn füllten zwei Zimmer. Es war schon Herbst, Orion stieg aus dem Meer. Und wenn die Nächte finster waren, dann konnte der Herr die Lichter auf seiner vormaligen Insel sehen, da wo das Hotel die ersten Gäste bewirtete, die den neuen Ferienort für Flitterwochen-Golfer bekannt machen sollten.

Auf seinem kleinen Felsrücken hingegen war der Herr immer noch Herr. Er erkundete alle Winkel, die wenigen Handbreit flachen Graslands, die niedrigen, steilen Klippen, wo noch die letzten Glockenblumen blühten und die Samenkapseln des Sommers braun über dem Meer standen, einsam und unberührt. Er spähte in den alten Brunnen. Er besah sich den steinernen Pferch, in dem einst das Schwein gehalten wurde. Er selbst hielt sich eine Ziege.

Ja, es war eine Insel. Unablässig umspülte und umbrandete die keltische See ihr graues Gestein. Wie viele verschiedene Laute die See doch hatte! – tiefes Tosen wie Donnergroll, manchmal ein Rumpeln, seltsame langgezogene Seufzer und Pfeiflaute; dann Stimmen, wirkliche Menschenstimmen wie auf einem Marktplatz, doch unter Wasser; dann

165

wieder aus der Ferne Glockengeläut, tatsächlich eine Glocke, eindeutig! – dann ein tremolierender Triller, sehr langgezogen und beunruhigend, und als Unterton ein heiseres Stöhnen.

Auf dieser Insel gab es keine Geister von Menschen, keine Gespenster einer uralten Rasse. Die See und der Schaum und der Wind und das Wetter hatten sie alle davongespült, fortgewaschen, sodass jetzt nur noch die Laute der See selbst zu hören waren, ihr eigener Geist, myriadenstimmig, Stimmen, die palaverten, sich verschworen, die laut riefen den ganzen Winter lang. Und nur das Aroma der See, mit ein paar struppigen Ginsterbüschen dazu, groben Heidetupfern zwischen den grauen, klaren Felsen, in der grauen, noch klareren Luft. Das Kalte, das Graue, selbst der leise daherkriechende Nebel auf See! – und das Felseneiland ein Buckel dazwischen, wie der letzte Punkt in der Weite des Raums.

Sirius, der grüne Stern, stand über dem Horizont des Meers. Die Insel war ein Schatten. Draußen auf See winzig klein die Lichter eines Schiffs. Unten in der Felsenbucht lagen das Ruderboot und das Motorboot in Sicherheit. Die Küche des Zimmermanns war von einer Lampe erhellt. Das war alles.

Und natürlich noch das Licht, das im Haus brannte, wo die Witwe, mit ihrer Tochter zur Hilfe, das Abendessen bereitete. Der Insulaner kehrte zum Essen dorthin zurück. Hier war er nun nicht mehr der Herr, sondern einfach ein Inselbewohner, und hatte seinen Frieden. Treuer als der alte Zimmermann, die Witwe und ihre Tochter hätte keiner sein können. Der alte Mann arbeitete, solange das Licht dazu reichte, denn er war ein leidenschaftlicher Arbeiter. Die Witwe und ihre stille, recht zart gebaute dreiunddreißigjährige Tochter arbeiteten für den Herrn, weil es ihnen Freude machte, ihn zu versorgen, und sie waren ihm unendlich dankbar dafür, dass er ihnen ein Zuhause gab. Aber sie sagten nicht »der Herr«. Sie nannten ihn bei seinem Namen: »Mr Cathcart, Sir!«, leise und ehrfürchtig. Und er antwortete ihnen ebenfalls leise, sanft; sie waren wie Menschen fernab von der Welt, die das kleinste Geräusch scheuten.

Jetzt war die Insel keine »Welt« mehr. Sie war eine Art Zuflucht. Der Insulaner kämpfte um nichts mehr. Er brauchte nichts. Es war, als wären er und seine wenigen Untergebenen eine kleine Schar Seevögel, die sich auf ihrer Reise durch den Raum auf diesem Felsen niedergelassen hatten und wortlos beieinanderblieben. Das still Geheimnisvolle von Zugvögeln.

Den Großteil der Tage verbrachte er in seinem Arbeitszimmer. Sein Buch gedieh. Die Witwentochter konnte das Manuskript für ihn auf der Maschine schreiben, sie war nicht ungebildet. Das war der eine fremdartige Ton auf dieser Insel, die Schreibmaschine. Aber bald fügte auch ihr Klappern sich in die Laute der See ein, in die des Winds.

Die Monate vergingen. Der Insulaner schrieb in seiner Stube, die Bewohner der Insel gingen still ihren Beschäftigungen nach. Die Ziege gebar ein Zicklein, schwarz mit gelben Augen. Im Meer gab es Makrelen. Der alte Mann fuhr mit dem Ruderboot zum Fischen aus, zusammen mit dem Jungen. Wenn das Wetter ruhig genug war, nahmen sie das Motorboot und fuhren zur größten der Inseln und holten die Post. Und sie brachten Vorräte mit, knauserten dabei mit jedem Penny. Und die Tage gingen vorüber, die Nächte, ohne Sehnsucht, ohne Öde.

Dass all sein Begehren so still in ihm geworden war, darüber konnte der Inselbewohner nur staunen. Er wünschte sich überhaupt nichts mehr. Seine Seele war endlich zur Ruhe gekommen, sein Geist war wie eine spärlich erleuchtete unterseeische Höhle, wo fremdartige Meeresgewächse in der See, die ihnen als Luft dient, gedeihen, leicht hin und her schwanken, und ein stummer Fisch schlüpft wie ein Schatten zwischen ihnen hindurch und ist wieder fort. Alles leise und sanft, kein Geschrei, und doch lebendig, so wie Seetang, wenn er noch verwurzelt ist, lebendig ist.

Der Insulaner sagte zu sich: »Ist das Glück?« Er

sagte zu sich: »Anscheinend verwandle ich mich in einen Traum. Ich spüre nichts, oder ich weiß nicht, was ich spüre. Aber mir scheint, ich bin glücklich.«

Das Einzige, was er brauchte, war eine Beschäftigung für seinen Verstand. So verbrachte er lange, stille Stunden in seiner Studierstube, arbeitete nicht allzu schnell, nicht allzu ernsthaft, ließ die Sätze sanft dahinfließen wie schläfrige Spinnfäden. Er machte sich keine Sorgen mehr, ob das, was er da schrieb, gut war oder nicht. Langsam, leise spann er seine Fäden, und wenn es schließlich zerfließen würde, wie Spinnweb im Herbst zerfließt, dann würde ihm das nichts ausmachen. Die sanfte Vergänglichkeit von Spinnwebfäden schien ihm nun das Einzige, was Bestand hatte. Der Dunst der Ewigkeit fing sich darin. Gebäude aus Stein dagegen, Kathedralen etwa, schienen ihm geradezu schreiend vor vergänglichem Widerstand, wussten sie doch, dass sie am Ende fallen würden; die Anspannung ihres langen Ausharrens drang, so schien es ihm, aus ihnen heraus als ein unablässiger Schrei.

Manchmal fuhr er aufs Festland, in die große Stadt. Dann besuchte er, elegant im neuesten Stil gekleidet, auch seinen Club. Er nahm sich eine Theaterloge, er ging einkaufen in der Bond Street. Er sprach mit Verlegern über die Veröffentlichung seines Buchs. Aber in seinen Augen stand bei alldem der Spinnwebblick eines Mannes, der beim Wettrennen um den Fortschritt nicht mehr mitmacht; so glaubten die Stadtmenschen in ihrer Grobheit, sie hätten über ihn triumphiert, und er war froh, dass er auf seine Insel zurückkehren konnte.

Ihm war es gleichgültig, ob sein Buch je herauskam. Die Jahre verschmolzen zu einem sanften Nebel, nichts Drängendes war mehr darin. Der Frühling kam. Schlüsselblumen gab es auf seiner Insel keine, aber er fand einen Winterling. Es gab zwei gischtbesprühte kleine Schlehdornbüsche und einige Buschwindröschen. Er stellte eine Liste der Blumen auf seinem Eiland auf, versenkte sich ganz in diese Aufgabe. Er vermerkte einen wilden Johannisbeerstrauch und wartete auf die Blüten eines kümmerlichen Holunderbäumchens, dann auf die ersten gelben Ginstertupfen und die Heckenrosen. Lichtnelken, Orchideen, Jungferngras, Schellkraut, er war stolzer auf sie, als er es je auf einen Menschen auf seiner Insel gewesen wäre. Als er auf den Goldsteinbrech stieß, so unauffällig in einem feuchten Winkel, bückte er sich darüber wie in Trance; er hätte nicht sagen können, wie lange er dort so stand und ihn ansah. Dabei war er das Ansehen doch gar nicht wert. Das befand zumindest die Witwentochter, als er ihn ihr zeigte.

In geradezu triumphierendem Ton hatte er zu ihr gesagt:

»Heute Morgen habe ich den Goldsteinbrech entdeckt.«

Der Name klang großartig. Sie sah ihn an, mit faszinierten braunen Augen, in denen ein dumpfes Sehnen stand, das ihm ein wenig Angst machte.

»Tatsächlich, Sir? Ist es eine hübsche Blume?«

Er schürzte die Lippen, hob die Augenbrauen.

»Nun – nicht gerade auffällig. Ich zeige sie Ihnen, wenn Sie mögen.«

»Ich würde sie gern sehen.«

Sie war so still, so wehmütig. Aber er spürte in ihr eine Beharrlichkeit, die ihn beunruhigte. Da freue sie sich, sagte sie – freue sich sehr. Sie folgte ihm lautlos, wie ein Schatten, über den felsigen Pfad, der nirgends Platz genug für zwei nebeneinander bot. Er ging voran und konnte sie spüren, unmittelbar hinter sich, wie sie ihm so gehorsam folgte, doch mit begehrlichem Blick.

Aus einer Art Mitleid wurde er ihr Liebhaber – und merkte überhaupt nicht, in welchem Maße sie Macht über ihn gewonnen hatte und wie sehr dies ihr Werk war. Aber kaum war er ihr erlegen, stellte das ungute Gefühl sich ein, dass all das falsch war. Er spürte einen Widerwillen gegen sie, eine nervöse Anspannung. Er hatte das nicht gewollt. Und er hatte den Eindruck, dass auch sie, was die körperliche Seite anbetraf, es nicht gewollt hatte. Nur das Unwillkürliche in ihr hatte es gewollt. Er wandte

171

sich ab und kletterte halsbrecherisch zu einem Fels-
grat am Meer hinunter. Dort saß er stundenlang,
blickte gequält aufs Meer und sagte sich elend: »Wir
wollten es nicht. Im Grunde wollten wir es nicht.«

Es war das Unwillkürliche, Reflexhafte an der
Sexualität, das wieder Macht über ihn bekommen
hatte. Nicht dass ihm das Geschlechtliche zuwider
gewesen wäre. Ihm schien es, wie den Chinesen,
eines der großen Mysterien des Lebens. Aber es
war mechanisch geworden, automatisch, und dem
wollte er entgehen. Das Mechanische bedrückte ihn,
es erfüllte ihn mit einer Art Tod. Er hatte geglaubt,
er sei zu einer neuen Form von Ruhe gekommen,
die kein Begehren mehr kannte. Vielleicht ließe
sich jenseits davon eine neue, frische Zartheit des
Begehrens finden, eine feinfühlige und empfind-
same Beziehung zweier Menschen, die sich auf un-
berührtem Terrain neu begegneten.

Doch wie dem auch sein mochte, dies hier war
nichts in dieser Art. Es war nichts Neues oder Fri-
sches. Es war unwillkürlich, ein Reflex. Selbst sie,
in ihrem wahren Inneren, hatte es nicht gewollt. Es
war das Unwillkürliche in ihr.

Als er nach Hause kam, schon spät am Abend,
und sah, wie bleich vor Furcht ihr Antlitz war, vor
Angst, dass er nun einen Groll gegen sie hegte, tat
sie ihm leid, und er sprach behutsam mit ihr, be-
schwichtigend. Aber er hielt Abstand.

Sie ließ sich nichts anmerken. Sie tat ihre häusliche Arbeit mit demselben Schweigen wie zuvor, demselben heimlichen Hunger danach, ihm zu Diensten, ihm nahe zu sein. Er spürte, wie ihre Liebe ihm folgte, mit einer eigentümlichen, beunruhigenden Beharrlichkeit. Sie forderte nichts. Doch wenn er ihr jetzt in die hellen, braunen, seltsam leeren Augen schaute, sah er darin die stumme Frage. Die Frage war geradewegs an ihn gerichtet, mit einer Kraft und Stärke, die er überhaupt nicht begriff.

Also gab er nach, forderte sie von Neuem auf.

»Nicht wenn Sie mich deswegen hassen«, sagte sie.

»Warum sollte ich das?«, gab er gereizt zurück. »Natürlich nicht.«

»Ich würde alles auf der Welt für Sie tun, das wissen Sie.«

Erst später in seiner Verbitterung fielen ihm ihre Worte wieder ein und machten ihn noch bitterer. Warum gab sie vor, es für ihn zu tun? Warum nicht für sich selbst? Aber in seiner Verbitterung ließ er sich immer weiter auf sie ein. Um eine Art Befriedigung zu erlangen, die er allerdings nie erlangte, gab er sich ihr ganz hin. Jeder auf der Insel wusste das. Aber er scherte sich nicht darum.

Dann verließ ihn auch das wenige noch, was er an Begehren gehabt hatte, und er fühlte sich nur noch niedergeschlagen. Er spürte, dass nur das

Unwillkürliche in ihr ihn gewollt hatte. Jetzt war er niedergeschlagen und voller Verachtung gegen sich selbst. Seine Insel war besudelt, verdorben. Er hatte seinen Platz in den verfeinerten, begehrenlosen Sphären der Zeit verloren, zu denen er zuletzt aufgestiegen war, er war ganz auf das Alte zurückgefallen. Wäre es doch nur echtes, empfindsames Begehren zwischen ihnen beiden gewesen, eine empfindsame Begegnung an jenem dritten verfeinerten Ort, an dem ein Mann und eine Frau sich begegnen können, wo sie der schwachen, zarten Krokusflamme des Begehrens in ihrem Inneren treu geblieben wären! Aber nichts dergleichen war es gewesen; automatisch, ein Reflex, kein wahres Begehren, und so blieb er beschämt zurück.

Er ging von dem Eiland fort, auch wenn sie ihn stumm dafür tadelte. Und er wanderte über den Kontinent, suchte vergebens nach einem Ort, an dem er bleiben konnte. Er war aus dem Takt; er passte in die Welt nicht mehr hinein.

Ein Brief kam von Flora – sie hieß Flora –, in dem sie ihm schrieb, sie fürchte, sie erwarte ein Kind. Er setzte sich nieder, wie vom Schlag getroffen, und blieb lange so sitzen. Aber er schrieb ihr zurück: »Warum sich fürchten? Wenn es so ist, dann ist es so, und wir sollten uns eher freuen, als uns zu fürchten.«

Es ergab sich, dass gerade zu der Zeit Inseln versteigert wurden. Er holte die Landkarten hervor und studierte sie. Und auf der Auktion erwarb er für sehr wenig Geld eine weitere Insel. Sie war nur wenige Morgen groß, hoch im Norden am äußeren Rand der Inseln. Flach und felsig lag sie in dem großen Ozean. Kein Haus, nicht einmal ein Baum war darauf. Nur das Seegras des Nordens, ein Tümpel mit Regenwasser, ein paar Binsen, Fels und Seevögel. Sonst nichts. Beweint von dem nassen Himmel des Westens.

Er reiste dorthin, um seinen neuen Besitz in Augenschein zu nehmen. Tagelang war das Meer zu rau, er konnte sich ihr nicht einmal nähern. Aber dann, in einem leichten Nebel, der von See her kam, landete er und sah sie vor sich, dunstig, niedrig, dem Anschein nach groß. Aber dieser Anschein täuschte. Er schritt voran über den nassen, federnden Grasboden, und dunkelgraue Schafe ergriffen die Flucht vor ihm, heiser blökende Gespenster. Und er kam an den schwarzen Tümpel mit den Binsen. Dann weiter über das feuchte Land, zur grauen See, die wütend zwischen den Felsen wogte. Das war nun wirklich eine Insel.

Und so fuhr er nach Hause zu Flora. Sie sah ihn ängstlich und schuldbewusst an, aber auch mit einem triumphalen Funkeln in ihren beunruhigenden Augen. Und wieder war er sanft zu ihr, er machte ihr Mut, ja er begehrte sie sogar wieder, mit jenem seltsamen Begehren, das fast wie ein Zahnschmerz ist. Und so nahm er sie mit aufs Festland, und sie schlossen die Ehe, da sie doch sein Kind unter dem Herzen trug.

Sie kehrten zurück zu der Insel. Nach wie vor brachte sie ihm die Mahlzeiten, mit ihren eigenen dazu. Sie setzte sich zu ihm und aß mit ihm. Er wollte es so. Die Mutter, die Witwe, blieb lieber in der Küche. Und Flora schlief im Gästezimmer seines Hauses, Herrin seines Hauses.

Sein Begehren, was immer es war, starb in ihm, eine Endgültigkeit, die ihn ekelte. Es würde noch Monate dauern, bis das Kind zur Welt kam. Seine Insel wurde ihm widerwärtig, vulgär, eine Vorstadt. Alles Vornehme an seiner Person war dahin. Die Wochen vergingen in einer Art Gefängnis, voller Demütigung. Trotzdem wollte er warten, bis das Kind geboren war. Aber er sann auf Flucht. Flora ahnte es nicht einmal.

Eine Amme wurde angestellt und aß mit ihnen. Der Arzt kam bisweilen vorbei, und wenn die See rau war, musste auch er bleiben. Bei einem Whisky wurde er lustig.

Sie hätten ein jung verheiratetes Paar in Golders Green sein können.

Endlich kam die Tochter zur Welt. Der Vater besah sich das Baby und war bedrückt, stärker beinahe, als er ertragen konnte. Er spürte den Mühlstein um seinen Hals. Aber er versuchte, sich seine Gefühle nicht anmerken zu lassen. Und Flora merkte nichts. Sie lächelte, als sie wieder zu Kräften kam, noch immer in einer Art einfältigem Glück. Dann sah sie ihn wieder mit ihren sehnsuchtsvollen, vielsagenden, immer ein wenig unverschämten Blicken an. Sie vergötterte ihn so sehr.

Das ertrug er nicht. Er sagte ihr, er müsse eine Zeit lang verreisen. Sie weinte, aber sie glaubte sich seiner sicher. Er erklärte ihr, er habe ihr den Großteil seines Vermögens überschrieben, und zählte ihr auf, was es an Einkommen abwerfen würde. Sie hörte kaum zu, sah ihn nur an mit ihren schweren, schwärmenden, unverschämten Augen. Er gab ihr ein Scheckheft, in dem der Stand ihres Guthabens genau vermerkt war. Das weckte ihr Interesse. Und er sagte ihr, wenn sie der Insel überdrüssig werde, könne sie ihr Zuhause wählen, wo immer sie wolle.

Sie folgte ihm mit ihren schmerzvollen, beharrlichen braunen Augen, als er aufbrach, und ihre Tränen bemerkte er nicht einmal.

Er fuhr geradewegs nach Norden und machte seine dritte Insel bereit.

Die dritte Insel

Bald war die dritte Insel bewohnbar. Aus Zement und großen Steinen vom Strand mauerten zwei Männer ihm eine Hütte und deckten sie mit Wellblech. Ein Boot brachte ein Bett herüber, einen Tisch und drei Stühle, dazu einen stabilen Schrank und ein paar Bücher. Er legte einen Vorrat an Kohle, Petroleum und Lebensmitteln an – er brauchte so wenig.

Das Haus stand in der Bucht, in der er gelandet war, nahe dem flachen Kiesstrand, auf den er sein leichtes Boot zog. An einem sonnigen Augusttag segelten die Arbeiter davon und ließen ihn allein zurück. Die See war ruhig und blassblau. Am Horizont sah er den kleinen Postdampfer langsam nordwärts ziehen, wie ein Wanderer zog er dort entlang. Zweimal die Woche lief der Dampfer die äußeren Inseln an. Bei ruhigem Wetter konnte er zu ihm hinausrudern, wenn er etwas brauchte, und hinter seinem Häuschen hatte er eine Fahnenstange, an der er dazu ein Signal aufzog.

Ein halbes Dutzend Schafe blieb noch auf der Insel und leistete ihm Gesellschaft; und er hatte eine Katze, die ihm um die Beine strich. Solange die angenehmen Sonnentage des nördlichen Herbsts anhielten, spazierte er zwischen den Felsen, über das weiche Gras seines kleinen Besitzes, und jeder

Weg führte ihn an die unermüdliche, rastlose See. Er besah sich jedes Blatt, das vielleicht anders als ein anderes sein mochte, und schaute dem Seegras zu, wie die Brandung es hin und her warf, immer wieder vor und zurück. Einen Baum, den er hätte betrachten können, hatte er nicht, nicht einmal ein Stückchen Heide. Nur das Gras, die winzigen Pflanzen darin, die Binsen beim Teich und das Seegras im Ozean. Er war froh. Er brauchte keine Bäume oder Büsche. Die standen da wie Menschen, viel zu selbstsicher. Seine kahle, flache Insel mitten im blassblauen Meer, das war alles, was er brauchte.

Er arbeitete nicht mehr an seinem Buch. Das Interesse daran war verflogen. Er saß gerne auf der kleinen Anhöhe seiner Insel und betrachtete die See, nichts als die blasse, stille See. Es gefiel ihm, wenn sein Verstand verschwamm, zerfloss wie der dunstige Ozean. Manchmal sah er, wie ein Trugbild, Land, das sich weiter nordwärts erhob. Dort lag noch eine große Insel. Aber sie nahm nie Gestalt an.

Bald schon erschrak er beinahe, wenn er den Dampfer am Horizont herankommen sah, das Herz zog sich ihm vor Furcht zusammen, dass er anhalten, ihm etwas anhaben könnte. Ängstlich sah er ihm nach, und erst wenn er außer Sicht war, atmete er wirklich auf, fühlte sich wieder ganz als er selbst. Es war grausam, diese Anspannung, wenn

Menschen sich näherten. Er wollte nicht, dass jemand sich näherte. Er wollte keine Stimmen hören. Der Klang seiner eigenen Stimme schockierte ihn, wenn er unwillentlich etwas zur Katze sagte. Dann machte er sich Vorwürfe, dass er die große Stille gebrochen hatte. Es störte ihn schon, wenn die Katze zu ihm aufsah und miaute, leise, klagend. Er sah sie böse an. Und sie begriff. Sie verwilderte immer mehr, trieb sich zwischen den Felsen umher, vielleicht fing sie Fische.

Am meisten missfiel ihm, wenn eins der zottigen Schafe das Maul aufmachte und sein heiseres, raues »Baa« ausstieß. Dann sah er es an, und es kam ihm hässlich und grob vor. Nach und nach wurden die Schafe ihm sehr zuwider.

Er wollte nichts als die flüsternden Laute der See hören, die scharfen Schreie der Möwen, Schreie, die aus einer anderen Welt zu ihm herüberdrangen. Und am besten war die große Stille.

Er beschloss, sich der Schafe zu entledigen, wenn das Boot kam. Inzwischen waren sie an ihn gewöhnt, sie standen da und starrten ihn mit ihren gelben oder farblosen Augen an, mit einer Unverschämtheit, die schon beinahe Verachtung, ein Auslachen war. Etwas unterschwellig Anstößiges war an ihnen. Sie waren ihm sehr zuwider. Und wenn sie mit Stakkatosprüngen von den Felsen sprangen, machten die Hufe bei der Landung einen dumpfen Laut, die Wolle schwappte auf ihren breiten Rücken – er fand sie abstoßend, erniedrigend.

Das schöne Wetter verging, und nun regnete es den ganzen Tag. Oft lag er auf seinem Bett, lauschte, wie das Wasser von seinem Dach in das Wasserfass aus Zink lief, sah durch die offene Tür dem Regen zu, betrachtete die schwarzen Felsen, hinter denen sich die See verbarg. Zahlreiche Möwen waren nun auf der Insel, viele verschiedene Seevögel. Das Leben hatte sich verändert. Vogelarten, die er noch nie gesehen hatte. Sein alter Drang packte ihn wieder, ein Buch kommen zu lassen, ihre Namen herauszufinden. In einem Aufflackern seiner alten Leidenschaft, alles, was er sah, beim Namen zu kennen, beschloss er sogar, zum Dampfer hinauszurudern. Die Namen dieser Vögel! – die Namen musste er wissen, sonst kannte er sie nicht, sonst waren sie nicht ganz lebendig für ihn.

Aber der Wunsch verging wieder, und er sah den Vögeln nun nur noch zu, wie sie ihre Kreise zogen, um ihn her spazierten, betrachtete sie mit trägem, gleichgültigem Blick. Alles Interesse war aus ihm gewichen. Allerdings gab es da eine Möwe, einen kräftigen, stattlichen Burschen, der vor der offenstehenden Tür der Hütte auf und ab ging, auf und ab, als habe er dort eine Mission zu erfüllen. Es war ein großer Vogel, perlgrau, so glatt und rund und schön wie eine Perle. Nur bei geschlossenen

Flügeln sah man die schwarzen Spitzen, und auf den dunklen Federn bildeten drei auffällige weiße Punkte ein Muster. Der Insulaner überlegte lange, wozu bei einem Vogel aus fernen, kalten Meeren eine solche Zier wohl da war. Und als der Vogel auf und ab spazierte, auf und ab vor der Hütte, daherstolzierte auf dunkel goldfarbenen Füßen, den blassgelben, an der Spitze gerundeten Schnabel mit einer eigenartigen, fremd wirkenden Wichtigkeit in die Höhe gereckt, grübelte der Mann über ihn nach. Er war ein Vorzeichen, er bedeutete etwas.

Dann kam der Vogel nicht mehr. Die Insel, die voller Seevögel gewesen war, erfüllt vom Blitzen der Flügel, dem Flattern und den gespenstisch schrillen Schreien in der Luft, war nun wieder einsam wie zuvor. Jetzt saßen sie nicht mehr wie lebendige Eier auf den Felsen und im Gras, wo sie die Hälse gereckt hatten und, selbst um seine Füße her, kaum einmal aufgeflogen waren. Jetzt spazierten sie nicht mehr zwischen den Schafen durch das Gras, machten keine Hüpfer mit gespreizten Flügeln mehr. Die meisten waren fort. Einige blieben allerdings, sie waren immer da.

Die Tage wurden kürzer, die Welt gespenstisch. Eines Tages kam das Boot; plötzlich war es da, wie ein Überfall. Für den Inselbewohner waren die beiden Männer Eindringlinge. Es war eine Qual, mit ihnen zu reden, in ihren groben, plum-

pen Kleidern. Die Vertraulichkeit ihres Umgangs-
tons fand er ausgesprochen abstoßend. Er selbst
war gut gekleidet, seine Hütte war ordentlich und
rein. Ihm widerstrebte alles Aufdringliche, ja die
täppische Schlichtheit, die Schwerfälligkeit dieser
beiden Fischer stieß ihn ab.

Die Briefe, die sie mitgebracht hatten, legte er
ungeöffnet in ein Kästchen. Einer davon enthielt
sein Geld. Doch selbst den mochte er nicht öffnen.
Jeder Kontakt war ihm zuwider. Schon seinen Na-
men auf dem Umschlag zu lesen. Er verbarg die
Briefe da, wo er sie nicht sah.

Und das Durcheinander, der Schrecken, als sie die
Schafe fingen und verschnürten und auf das Schiff
luden, erfüllten ihn mit einer tiefen Verachtung für
alle Geschöpfe auf Erden. Was für ein widerwär-
tiger Gott war das, der sich die Tiere ausgedacht
hatte und übelriechende Männer? Für seine Nase
rochen die Fischer genauso schlecht wie die Schafe;
etwas Unreines, das die frische Erde verdarb.

Seine Nerven lagen noch immer blank, als das
Schiff endlich Segel setzte und davonglitt, über die
stille See. Und noch Tage später fuhr er manchmal
angewidert zusammen, weil ihm war, als habe er
käuende Schafe gehört.

Die trüben Tage des Winters zogen sich hin.
Manchmal wurde es gar nicht ganz hell. Er fühlte
sich krank, als löse er sich auf, als hätte die Auf-

lösung in seinem Inneren bereits begonnen. Alles war Dämmerung, draußen und in seinem Verstand und in seiner Seele. Einmal trat er an die Tür und sah die schwarzen Köpfe von Menschen, die dort in seiner Bucht schwammen. Einen Augenblick lang schwanden ihm die Sinne. Es war das Entsetzen, das Grauen darüber, dass sich so unerwartet Menschen näherten. Das Grauen in der Dämmerung! Und erst als das Entsetzen seinen Körper schon überwältigt hatte, ging ihm auf, dass die schwarzen Köpfe die Köpfe von Seehunden waren, die in die Bucht kamen. Mit Übelkeit spürte er die Erleichterung. Aber er war kaum noch bei Bewusstsein, nach dem Schock. Später setzte er sich wieder auf und weinte vor Dankbarkeit, weil es keine Menschen waren. Aber er merkte gar nicht, dass er weinte. Sein Verstand war zu trübe. Wie ein fremdartiges, ätherisches Geschöpf merkte er gar nicht mehr, was er tat.

Die einzige Befriedigung, die er noch kannte, war diejenige allein zu sein, vollkommen allein, den Raum um sich her in seinen Körper aufzunehmen. Die graue See allein, und der Felsengrund seiner seeumspülten Insel. Nichts anderes mehr. Nichts Menschliches mehr, das ihn mit seinem Entsetzen hätte überziehen können. Nur der Raum, der feuchte, halbdunkle, seeumspülte Raum! Das war das Brot seiner Seele.

Deshalb war er am glücklichsten, wenn Sturm herrschte oder die Wogen hoch schlugen. Dann konnte nichts an ihn heran. Nichts konnte aus der äußeren Welt zu ihm herüberkommen. Gewiss, unter der schrecklichen Gewalt des Windes litt er sehr. Doch zugleich blies er für ihn die Welt vollkommen davon. Am meisten mochte er die See, wenn sie toste und wogte. Dann konnte kein Boot an ihn heran. Es war, als habe er einen Schutzwall rings um seine Insel, für alle Zeit.

Er achtete nicht mehr auf den Lauf der Zeit und kam nicht mehr auf den Gedanken, ein Buch aufzuschlagen. Das Gedruckte, die gedruckten Buchstaben, so ähnlich der Verderbtheit des gesprochenen Wortes, kamen ihm obszön vor. Er riss das Messingschild von seinem Petroleumkocher ab. Er tilgte jede Spur von Schrift in seiner Hütte.

Seine Katze war verschwunden. Er war eher froh darüber. Ihm schauderte bei ihrem hohlen, aufdringlichen Ruf. Sie hatte im Kohlenschuppen gewohnt. Jeden Morgen hatte er ihr einen Teller Porridge hingestellt, vom selben, den auch er aß. Den Teller spülte er mit Abscheu. Er mochte es nicht, wie sie sich an ihm rieb. Aber er fütterte sie gewissenhaft. Dann eines Tages kam sie nicht, um ihren Porridge zu fordern; sie hatte immer danach gemaunzt. Sie kam nicht mehr zurück.

Er strich über seine Insel, in einem großen

Ölzeugmantel, aber er wusste nicht mehr, was er da ansah oder weswegen er hinausging. Die Zeit war zum Stillstand gekommen. Lange stand er dann einfach nur da, starrte mit seinem weißen, scharf umrissenen Gesicht, mit seinen aufmerksamen, wie weit entfernten blauen Augen, starrte angespannt, beinahe grausam, auf die schwarze See hinaus, unter dem schwarzen Himmel. Und wenn er das windgepeitschte Segel eines Fischerboots weit draußen auf dem kalten Wasser sah, zeigte sich kurz ein seltsamer, bösartiger Zorn auf seinen Zügen.

Manchmal war er krank. Er wusste, dass er krank war, weil er beim Gehen schwankte und leicht stürzte. Dann hielt er inne und überlegte, was es sein mochte. Er ging zu seinen Vorräten, holte Milch- und Malzpulver hervor und aß. Dann vergaß er es wieder. Er nahm seine eigenen Empfindungen nicht mehr wahr.

Allmählich wurden die Tage länger. Den ganzen Winter über war das Wetter recht mild gewesen, allerdings mit viel Regen, viel Regen. Er hatte vergessen, was die Sonne war. Doch mit einem Mal war die Luft eisig, er zitterte vor Kälte. Angst packte ihn. Der Himmel war gleichmäßig grau, nachts zeigte sich kein einziger Stern. Die Kälte war gewaltig. Mehr Vögel stellten sich ein. Frost überzog die Insel. Mit zitternden Fingern machte er ein Feuer in seinem Kamin. Die Kälte schreckte ihn.

Und so ging es nun weiter, Tag für Tag, eine stumpfe, tödliche Kälte. Manchmal waren einzelne Schneekörnchen in der Luft. Die Tage waren länger grau, aber die Kälte blieb. Gefrorenes graues Tageslicht. Die Vögel verschwanden, flogen fort. Einige blieben erfroren liegen. Es war, als schwinde sämtliches Leben, als zöge es sich aus dem Norden zurück, in Richtung Süden. »Bald«, sagte er sich, »wird alles fort sein und ringsum nichts mehr am Leben.« Er spürte eine grausame Befriedigung bei diesem Gedanken.

Dann, eines Nachts, anscheinend eine Erleichterung: Er schlief besser, bebte nicht halb wach am ganzen Körper, wälzte sich nicht, halb ohnmächtig, so sehr wie sonst. Er war so sehr daran gewöhnt, dass sein Leib sich wand und zitterte, dass er es kaum noch bemerkte. Aber wenn es einmal nicht so war, das fiel ihm auf.

Am Morgen erwachte er, und die Welt war seltsam weiß geworden. Vom Fenster her kam nur gedämpftes Licht. Es hatte geschneit. Er stand auf und öffnete die Tür und erschauderte. Puh, war das kalt! Alles weiß, mit bleidunkler See, und schwarze Felsen seltsam weiß besprenkelt. Der Schaum der Wellenkronen schien schmutzig. Leichenweiß lag das Land da, und die See nagte daran. Schneegriesel gingen nieder, langsam in der toten Luft.

Auf dem Boden lag der Schnee einen Fuß hoch, weiß und glatt und weich in der Windstille. Er griff zur Schaufel, um den Schnee rund um Haus und Schuppen zu räumen. Der bleiche Morgen verdüsterte sich. Seltsam grollte von weit her der Donner durch die Frostluft, und durch den nun wieder fallenden Schnee zuckte schwach ein Blitz auf. Beständig fiel der Schnee, reglos verschwand die Welt.

Er ging ein paar Minuten lang nach draußen. Aber es war schwierig. Er stolperte und fiel in den Schnee, ein Brennen im Gesicht. Schwach, halb ohnmächtig schleppte er sich wieder in die Hütte. Und als er sich erholt hatte, nahm er die Mühe auf sich und machte sich heiße Milch.

Es schneite die ganze Zeit. Am Nachmittag kam noch einmal dumpfes Donnergrollen, rötlich flackerten Blitze durch den fallenden Schnee. Beklommen ging er zu Bett, lag da und starrte das Nichts an.

Es wollte einfach nicht Morgen werden. Eine Ewigkeit lag er so und wartete, dass auch nur eine Spur Helligkeit die Nacht vertrieb. Und schließlich war ihm, als spüre er einen Schimmer. Sein Haus war eine Zelle, schwach erleuchtet von weißem Licht. Jetzt begriff er, dass sein Fenster vom Schnee

verweht war. Er stand auf, in eisiger Kälte. Er öff-
nete die Tür, und dicht gepackter Schnee versperrte
ihm den Weg; er reichte ihm bis zur Brust. Als er
sich vorbeugte, spürte er das langsame Wehen des
eisigen Winds, sah, wie der Pulverschnee aufflog
und daherzog wie ein Leichenzug. Die schwarze
See stockte und stampfte, schien nach dem Schnee
zu beißen, machtlos. Der Himmel war grau, aber
er leuchtete.

Er arbeitete wie besessen in dem Versuch, zu sei-
nem Boot zu gelangen. Wenn er eingesperrt sein
sollte, dann musste es nach seinem eigenen Willen
sein, nicht durch das blinde Wirken der Elemente.
Er musste ans Meer. Er musste in der Lage sein, zu
seinem Boot zu kommen.

Aber er war schwach, und manchmal überwäl-
tigte ihn der Schnee. Er begrub ihn unter sich, und
dann blieb er reglos liegen. Doch jedesmal kämpfte
er sich zurück ins Leben, bevor es zu spät war, und
stürzte sich wieder auf den Schnee mit der Kraft
des Fiebers. Er war erschöpft, aber er gab nicht auf.
Er kroch nach drinnen, machte Kaffee, briet Speck.
Es war schon lange her, dass er so viel gekocht
hatte. Dann nahm er den Kampf gegen den Schnee
wieder auf. Er musste diesen Schnee bezwingen,
diese neue, weiße, brutale Macht, die sich ihm ge-
ballt entgegenstemmte.

Er arbeitete in dem grässlichen, schneidenden

Wind, schob den Schnee zur Seite, drückte ihn mit der Schaufel zusammen. Es war eiskalt in dem Wind, sogar noch als eine Zeit lang die Sonne hervorkam und ihm seine weiße, leblose Umgebung zeigte, das Meer, das sich schwarz und schwer daherwälzte, mit stumpfen Schaumkronen darauf bis an den fernen Horizont. Aber auf seinem Gesicht spürte er die Sonne. Es war März.

Er langte beim Boot an. Er wischte den Schnee ab, dann setzte er sich leeseits auf den Boden, betrachtete die See, die jetzt bei Flut bis fast zu seinen Füßen heraufkam. Seltsam natürlich sahen die Kiesel aus, in einer Welt, die ansonsten ganz ins Unheimliche verwandelt war. Die Sonne schien nicht mehr. Schnee fiel in harten Körnern, die wie von Zauberhand verschwanden, wenn sie auf die harte Schwärze der See stießen. Heiser zischten die Wellen auf dem Kiesstand, spülten hoch bis zum Schnee. Die nassen Felsen waren von einem abstoßenden Schwarz. Und die ganze Zeit traf die Myriade tanzender Schneekörner auf das dunkle Wasser und verschwand.

In der Nacht kam ein schwerer Sturm. Ihm war, als könne er hören, wie die gewaltigen Schneemassen auf die ganze Welt niedergingen, ein unablässiger dumpfer Ton; und über dem allen brüllte der Wind, in seltsamen hohlen Stößen, und dazwischen wie durch verbundene Augen die Blitze, dann das tiefe Grollen des Donners, noch mächtiger als der Wind. Als endlich ein weißer Schimmer die Schwärze der Nacht durchbrach, war das Unwetter mehr oder weniger vorüber, doch ein gleichmäßiger Wind blies weiter. Der Schnee reichte bis zur Oberkante seiner Tür.

Mürrisch machte er sich daran, sich freizugraben. Und durch schiere Beharrlichkeit kam er tatsächlich ins Freie. Vor sich hatte er eine gewaltige Schneewehe, riesenhoch. Als er dort hindurch war, lag der hartgefrorene Schnee nur noch zwei Fuß hoch. Aber seine Insel war nicht mehr da. Sie hatte eine vollkommen andere Gestalt angenommen, große weiße Hügel ragten auf, wo es vorher keine Hügel gegeben hatte, unzugänglich, und sie qualmten wie Vulkane, nur dass der Qualm Pulverschnee war. Ihm schwindelte von dem Anblick, er überwältigte ihn.

Sein Boot steckte in einer weiteren, kleineren Schneewehe. Aber er hatte nicht die Kraft, es freizuräumen. Hilflos betrachtete er es. Die Schaufel fiel ihm aus der Hand, und er sank in den Schnee, er wollte vergessen. Aus dem Schnee selbst klang das Tosen des Meers.

Irgendwie kam er zu sich. Er kroch zum Haus. Sein Körper war fast taub. Trotzdem gelang es ihm, sich wieder warm zu machen, jedenfalls den Teil von ihm, der im Schneeschlaf über das Kohlenfeuer gebückt lag. Noch einmal machte er sich heiße Milch. Danach schichtete er sorgsam Holz für das Feuer auf.

Der Wind ließ nach. War es von Neuem Nacht? Ihm war, als könne er in der Stille den Schnee fallen hören, er fiel bis in alle Ewigkeit, leise wie ein Panther. Das Rumpeln des Donners war näher gekommen, kam nun direkt nach dem rötlich verwischten Blitz. Er lag im Bett in einer Art Starre. Die Elemente! Die Elemente! Dumpf drehte sein Verstand dieses Wort um und um. Man hat keine Chance gegen die Elemente.

Er hätte nicht sagen können, wie lange das so ging. Einmal huschte er gespenstergleich nach draußen und stieg auf einen weißen Hügel seiner Insel, einer Insel, die nicht mehr wiederzuerkennen war. Die Sonne brannte heiß. »Es ist Sommer«, sagte er sich, »die Zeit der grünen Blätter.« Unverständig besah er sich all das Weiß seiner fremden Insel, die Ödnis der leblosen See. Er machte sich vor, er sähe ein Segel blitzen. Denn er wusste nur zu gut, dass es in diesem Nichts von See nie wieder ein Segel geben würde.

Als er aufblickte, verdunkelte der Himmel sich geheimnisvoll, es wurde kalt. Aus der Ferne kam das Murmeln des unersättlichen Donners, und er wusste, das war das Zeichen des Schnees, der sich übers Meer heranwälzte. Er wandte sich um, und da spürte er schon seinen Atem.

Henry David Thoreau

Wo und wofür ich lebte

Jeder Morgen überbrachte mir die freudige Auf-
forderung, mein Leben gerade so einfach und, ich
darf wohl sagen, so unschuldig zu gestalten wie die
Natur selbst. Ich war ein ebenso aufrichtiger Ver-
ehrer der Aurora wie die Griechen. In aller Frühe
stand ich auf und nahm ein Bad im Teich; das war
eine religiöse Übung und eine meiner besten Hand-
lungen. Man erzählte, dass auf der Badewanne
des Königs Tsching-Thang Schriftzeichen einge-
graben waren, welche besagten: »Erneuere Dich
selbst jeden Tag; tue es wieder und wieder und in
alle Ewigkeit wieder.« Das kann ich begreifen. Der
Morgen bringt heroische Zeiten zurück. Ich wurde,
während ich bei offenen Türen und Fenstern da-
saß, so tief ergriffen durch das leise Gesumm einer
Mücke, die ihren unsichtbaren, unergründlichen
Flug in früher Morgendämmerung durch mein
Zimmer nahm, als ob ich Posaunentöne hörte, die
laut ein Loblied tönten. Das war Homers Requiem:
eine Ilias und Odyssee der Luft, die ihren eigenen
Zorn und ihre Irrfahrten besangen. Es lag etwas

Kosmisches darin. Ein ewiger Bericht (bis auf Widerruf) von der immerwährenden Lebenskraft und Fruchtbarkeit der Welt. Der Morgen, der wichtigste Teil des Tages, ist die Stunde des Erwachens. Da sind wir am wenigsten »somnolent«, und wenigstens eine Stunde lang wacht jener Teil von uns, der den übrigen Tag und die Nacht schlummert. Wenig kann von dem Tag erwartet werden (wenn der Ausdruck Tag überhaupt angebracht ist), zu dem uns nicht unser Genius, sondern das mechanische Klopfen eines Domestiken erweckt, wenn wir nicht durch unsere neugesammelten Kräfte und Willensenergien von innen heraus, durch die Schwingungen himmlischer Musik – anstatt durch Fabrikglocken – und durch balsamische Lüfte zu einem Leben erweckt werden, das an Reinheit unser Leben am gestrigen Abend, als wir uns zum Schlummer niederlegten, übertrifft. So trägt auch die Finsternis ihre Früchte, erweist sich als heilsam, nicht weniger wie das Licht. Der Mensch, der nicht glaubt, dass jeder Tag eine frühere, heiligere und heller vom Morgenrot durchglühte Stunde mit sich bringt als all diejenigen, welche er bereits entweihte, hat am Leben verzweifelt. Er wandelt auf abschüssigen, dunklen Pfaden. Nach einem zeitweiligen Stillstand des Sinnenlebens fühlt sich die Seele des Menschen (oder vielmehr fühlen sich die Organe der Seele) täglich neu gestärkt, und des Menschen

Genius versucht aufs Neue das Leben so edel wie möglich zu gestalten. Alle großen Ereignisse, so möchte ich behaupten, werden in der Morgenstunde, im Morgenlicht gezeitigt. In den Veden steht geschrieben: »Alle Geisteskraft erwacht am Morgen.« Poesie und Kunst und auch die schönsten, denkwürdigsten Taten der Menschen werden in solch einer Stunde geboren. Alle Dichter und Helden sind Kinder der Aurora, wie Memnon: Um Sonnenaufgang tönt ihr Lied. Für den, dessen elastische, kraftvolle Gedanken mit der Sonne gleichen Schritt halten, ist der Tag ein ununterbrochener Morgen. Was die Ähren oder die Menschen durch ihr Tun und Treiben sagen, ist ganz nebensächlich. Der Morgen ist da, wenn ich erwacht bin, wenn ich einen Sonnenaufgang in mir spüre. Das Streben, den Schlaf abzuschütteln, nenne ich Umwertung der Moral. Warum geben denn die Menschen einen so stümperhaften Bericht über ihren Tag? Doch nur weil sie schliefen! Sie sind durchaus keine schlechten Rechenmeister. Wenn die Schläfrigkeit sie nicht überwältigt hätte, sie würden etwas getan haben. Für körperliche Arbeit sind Millionen wach genug. Aber nur ein Einziger unter dieser Million ist wach genug zu wirksamen geistigen Leistungen, nur ein einziger unter hundert Millionen zu einem poetischen, göttlichen Leben. Erwacht sein heißt leben! Ich habe noch nie einen völlig erwachten

Menschen gesehen. Wie hätte ich ihm ins Antlitz schauen können!

Wir müssen lernen, wieder wach zu werden und uns wach zu erhalten, nicht durch mechanische Hilfsmittel, sondern durch das unendliche Erwarten des Sonnenaufgangs. Das darf uns selbst im tiefsten Schlummer nicht verlassen. Ich kenne keine ermutigendere Tatsache als die unbestreitbare Fähigkeit des Menschen, sein Leben durch bewusste Anstrengung auf eine höhere Stufe zu erheben. Es will schon etwas heißen, wenn man ein eigenartiges Bild malen, eine Statue meißeln, einigen wenigen Dingen Schönheit verleihen kann. Doch weitaus ruhmvoller wäre es, die Atmosphäre, das Medium selbst, durch welches wir hindurchsehen, zu meißeln und zu malen. Moralisch sind wir dazu imstande. Auf die Beschaffenheit des Tages einzuwirken, das ist die höchste Kunst. Jedermann hat die Verpflichtung, sein Leben auch in Einzelheiten so zu gestalten, dass es selbst in seiner feierlichsten und kritischsten Stunde als der Betrachtung würdig sich erweist. Wenn wir die klägliche Auskunft, die wir erhalten, zurückweisen oder aufbrauchen würden, dann würden die Orakel uns kurz und bündig mitteilen, wie dies geschehen könnte. Ich zog in die Wälder, weil ich den Wunsch hatte, mit Überlegung zu leben, »alle Wirkenskraft und Samen« zu schau'n, zu ergründen, ob ich nicht lernen konnte, was ich lehren sollte, um beim Sterben vor der Entdeckung bewahrt zu bleiben, dass ich nicht gelebt habe. Ich wollte nicht das leben, was kein Leben war; das Leben ist so kostbar. Auch wollte ich keine Entsagung üben, höchstens im Notfall. Ich wollte tief leben, alles Mark des Lebens aussaugen, so herzhaft und spartanisch leben, dass alles, was nicht Leben war, aufs Haupt geschlagen würde. Ich wollte mit großen Zügen knapp am Boden mähen, das Leben in die Enge treiben und es auf die einfachste Formel bringen. Und sollte es sich gemein erweisen, nun dann wollte ich seine ganze, unverfälschte Gemeinheit auskosten, um sie der Welt zu künden. War es jedoch rein, so wollte ich dies aus eigner Anschauung erkennen und imstande sein, bei meinem nächsten Ausflug ehrlich Rechenschaft darüber abzulegen. Die meisten Menschen sind nämlich, meines Erachtens, darüber mit sich im Unklaren, ob das Leben vom Teufel oder von Gott stammt, und so haben sie, »halbwegs übereilt«, geschlossen, dass der Hauptzweck des Menschen auf Erden sei, »Gottes Lob und Preis zu singen in alle Ewigkeit«.

Noch immer leben wir im Staub wie die Ameisen. Und doch berichtet die Sage, wir seien schon vor langer Zeit in Menschen verwandelt. Wie Pygmäen kämpfen wir mit Kranichen. Irrtum häuft sich auf Irrtum, Stümperei auf Stümperei und selbst unsere besten Kräfte werden zu überflüssigen, vermeidbaren Jämmerlichkeiten verwendet. Unser Leben wird durch Kleinigkeiten vergeudet. Ein ehrlicher Mensch braucht kaum mehr als seine zehn Finger zum Rechnen. Im ärgsten Notfall kann er ja seine zehn Zehen zu Hilfe nehmen und den Nest in Bausch und Bogen akzeptieren. Einfachheit, Einfachheit, Einfachheit! Ich sage dir: Gib dich mit zwei oder drei Angelegenheiten ab, aber nicht mit hundert oder tausend! Rechne nicht mit einer Million, sondern mit einem halben Dutzend und führe Buch auf Deinem Daumennagel! Auf dem hochflutenden Meere des zivilisierten Lebens gibt es Wolken und Stürme und Untiefen und tausend andere Dinge, die der Mensch nicht außer Acht lassen darf. Führt er sein Logbuch nicht gewissenhaft, so wird er scheitern, in den Abgrund sinken und nie den Hafen erreichen. Doch der, dem die Landung gelingt, muss fürwahr ein großer Rechenmeister sein. Vereinfache, vereinfache! Statt drei Mahlzeiten iss, wenn es nötig ist, nur eine, statt hundert Speisen nur fünf, und schränke das Übrige im Verhältnis ein. Unser Leben gleicht einem deutschen Bundesstaat, aus kleinen Staaten zusammengesetzt mit ewig wechselnden Grenzen, sodass selbst ein Deutscher niemals genau angeben kann, wie die Grenzlinien verlaufen. Und unsere Nation selbst, mit all ihren sogenannten inneren Verbesserungen, die – nebenbei bemerkt – alle äußerlich und oberflächlich sind, ist eine gerade so schwer zu handhabende und übergroße Organisation, mit altem Hausrat vollgepfropft, über ihre eigenen Fallen stolpernd, ruiniert durch Luxus und leichtsinnige Ausgaben, durch Mangel an Berechnung und an einem würdigen Ziel, wie Millionen Familien im Lande. Die einzige Rettung aber für Land und Leute ist die strengste Sparsamkeit, eine beherzte und mehr als spartanische Einfachheit des Lebens und eine Erhebung unsrer Ziele. Unser Land lebt zu schnell. Die Menschen glauben, es sei von Wichtigkeit, daß die *Nation* Handel treiben, Eis exportieren, telegraphisch sprechen und wenigstens dreißig Meilen in der Stunde fahren könne, einerlei, ob das *Individuum* davon Gebrauch macht oder nicht. Ob wir aber wie Paviane oder wie Menschen leben sollen, ist nicht vollkommen sicher. Wenn wir aber, anstatt Schwellen zu fabrizieren und Schienen bei Tag und bei Nacht zu schmieden, an unserm *Leben* herumhämmern, um *das* zu verbessern, wer wird dann Eisenbahnen bauen? Und wenn keine Eisenbahnen gebaut werden, wie wollen wir dann zur rechten Zeit in den Himmel kommen? Wenn wir aber zu Haus bleiben und nur das tun, was uns angeht: wer braucht da Eisenbahnen? Wir fahren nicht auf der Eisenbahn – sie fährt auf uns. Hat man je darüber nachgedacht, was die Schwellen sind, auf denen die Schienen ruhen? Jede Schwelle ist ein Mensch – ein Irländer oder ein Amerikaner. Die Schienen werden daraufgelegt, mit Sand bedeckt, und die Wagen rollen glatt hinüber. Die Schwellen schlafen tief, Ihr könnt mir's glauben. Und alle paar Jahre wird neues Material auf den Erdboden gelegt und überfahren. Darum, wenn manche das Vergnügen haben, auf den Schienen zu fahren, haben andere das Unglück, überfahren zu werden. Wenn sie aber einen nachtwandelnden Menschen – eine überflüssige, traumverlorene Schwelle am falschen Platz – überfahren und plötzlich erwecken, dann wird der Zug schnell zum Stillstand gebracht, man schreit und fordert Sühne, grade als ob etwas Außergewöhnliches geschehen wäre! Ich habe mit Freuden gehört, dass für je fünf (engl.) Meilen eine Abteilung von Männern gebraucht wird, um die schlummernden Schwellen dort unten wohlgebettet zu erhalten. Dadurch wird wenigstens die leise Hoffnung genährt, dass sie vielleicht eines Tages auferstehen werden.

Warum leben wir in solcher Eile, in solcher Verschwendung? Wir fürchten den Hungertod, bevor wir hungrig sind. Die Menschen sagen: Eine Naht zur rechten Zeit erspart dir neun. Darum machen sie heute tausend Nähte, um morgen neun zu sparen. Und was die *Arbeit* anbetrifft: Wir haben keine, der irgendwelche Bedeutung zukommt. Veitstanz haben wir, und unsere Köpfe können wir nicht ruhig halten. Wenn ich nur ein paarmal am Glockenseil der Pfarrkirche ziehen würde, als ob es irgendwo brennte, d.h., wenn ich einmal »Sturm« läuten würde, so würde wohl jeder Farmer in der Umgebung von Concord – selbst derjenige, welcher sich noch am Morgen mit dringenden Geschäften entschuldigt hat –, jeder Knabe, und ich kann wohl sagen, auch jede Frau alles stehen und liegen lassen, um dem Signal zu folgen, und zwar nicht so sehr in der Absicht, das Besitztum den Flammen zu entreißen, als vielmehr – um die Wahrheit zu gestehen – es brennen zu sehen. Denn brennen muss es ja nun doch einmal, und – das wollen wir gleich betonen – *wir* haben das Feuer nicht angelegt. Man kann sich ja auch das Löschen betrachten und, wenn das geradeso interessant ist wie das Feuer an sich, selbst Hand ans Werk legen, auch bei der Pfarrkirche. Kaum hat ein Mensch ein halbstündiges Mittagsschläfchen gehalten, da hebt er schon beim Erwachen den Kopf hoch und fragt: »Was gibt's Neues?« Als ob die übrige Menschheit inzwischen für ihn »auf Posten« gestanden hätte! Andere lassen sich, zweifellos aus keinem andern Grunde, jede halbe Stunde wecken. Zum Dank dafür erzählen sie dann ihre Träume. Hat man die Nacht durchschlafen, dann sind *Neuigkeiten*

ebenso unumgänglich notwendig wie das Früh-
stück. »Ach bitte, erzählt mir irgendetwas Neues,
das einem Menschen irgendwo auf dieser Erde
zugestoßen ist« – und während man Kaffee trinkt
und Semmel isst, liest man, dass einem Mann heute
Morgen auf dem Wachitofluss die Augen mit den
Daumen aus der Höhle gequetscht sind. Und dabei
denkt der Leser auch nicht im Entferntesten daran,
dass er in der düsteren unergründeten Mammut-
höhle dieser Welt lebt, dass er selbst nur rudimen-
täre Augen besitzt.

Ich für meine Person könnte leicht ohne Post
fertigwerden. Ich bin der Ansicht, dass sie nur sehr
wenige Mitteilungen von Wichtigkeit vermittelt. In
meinem Leben habe ich – um kritisch zu reden –
nicht mehr als einen oder zwei Briefe bekommen
(ich schrieb dies vor einigen Jahren), die das Porto
wert waren. Die Pfennigpost ist in der Regel eine
Einrichtung, durch welche man allen Ernstes
einem Menschen jenen Pfennig für seine Gedanken
anbietet, der ihm im Scherz nur allzu oft angebo-
ten wurde. Und dass ich niemals irgendeine bemer-
kenswerte Nachricht in einer Zeitung las, steht für
mich fest. Wenn wir lesen, dass *ein* Mensch beraubt,
ermordet oder durch einen Unglücksfall getötet
wurde, dass *ein* Haus niederbrannte, *ein* Schiff
unterging oder *ein* Dampfer in die Luft flog, dass
eine Kuh durch die »Westliche Eisenbahn« über-

fahren, *ein* toller Hund getötet oder *ein* Schwarm Heuschrecken im Winter gesehen wurde –, so brauchen wir das *niemals* wiederzulesen. Einmal genügt. Ist dir das Prinzip bekannt, was kümmern dich die Myriaden von Beispielen und Anwendungen? Für den Philosophen sind alle sogenannten »Neuigkeiten« Geschwätz; und diejenigen, welche »Neuigkeiten« herausgeben oder lesen, heißen ihm alte Kaffeeschwestern. Doch nicht wenige sind lüstern nach diesem Geschwätz. Noch neulich drängten sich Menschen, welche etwas über die soeben eingetroffenen ausländischen Nachrichten erfahren wollten, in einem Postamt so sehr, dass mehrere große Glasscheiben des Gebäudes durch den Druck zerbrochen wurden. So wurde mir wenigstens erzählt. Und diese Nachrichten hätte ein Mensch mit gesundem Verstande, wie ich allen Ernstes glaube, bereits zwölf Monate oder zwölf Jahre vorher mit hinreichender Genauigkeit schildern können. Nehmen wir einmal Spanien: Wenn einer versteht, Don Carlos oder die Infantin und Don Pedro und Sevilla und Granada zur rechten Zeit in zweckentsprechender Dosierung zu verwerten – vielleicht haben sich seit den Tagen, wo ich Zeitungen las, die Namen ein wenig verändert –, so wird das alles bis aufs Tüpfelchen stimmen und uns ein just so getreues Bild von dem tatsächlichen Zustand oder Verfall der Dinge in Spanien geben wie die kürzesten und klarsten Berichte unter dieser Rubrik in den Zeitungen. Und nehmen wir England: Nun, das letzte Stückchen Neuigkeit aus dieser Himmelsrichtung war die Revolution anno 1649. Und wenn man Englands Erntestatistik für ein Durchschnittsjahr durchgesehen hat, so braucht man diesem Gegenstande in Zukunft nie wieder Aufmerksamkeit zu schenken, es sei denn, dass man vom rein pekuniären Standpunkte aus zu spekulieren wünscht. Wenn der Mensch, der selten eine Zeitung durchblättert, solche Dinge zu beurteilen vermag, dann gibt es überhaupt keine neuen Ereignisse im Ausland – nicht einmal eine französische Revolution.

Was scheren mich Neuigkeiten! Wie viel wichtiger ist es, das zu kennen, was nie alt war. »Kieou-he-yu« (Großwürdenträger im Staate Wei) schickte einst einen Mann zu Khoung-tseu, um »Neuigkeiten« zu erfahren. Khoung-tseu ersuchte den Boten, neben ihm Platz zu nehmen, und fragte ihn: Was treibt Dein Herr? Ehrerbietig antwortete der Bote: Mein Herr wünscht die Zahl seiner Fehler zu verringern, aber er wird damit nicht fertig. Als der Bote sich entfernt hatte, sprach der Philosoph: ›Welch trefflicher Bote! Welch trefflicher Bote!‹ Der Pfarrer sollte, anstatt die Ohren schlafmütziger Farmer an ihrem Ruhetage beim Wochenschluss – denn der Sonntag bildet den passenden Abschluss einer schlecht verwendeten Woche und nicht den frischen, mutigen Beginn einer neuen – mit einer abgedroschenen Predigt zu quälen, lieber mit Donnerstimme rufen: »Halt! Haltet ein! Warum scheinbar so schnell und doch so tödlich langsam?«

Lug und Trug werden als unerschütterliche Wahrheiten betrachtet, während die Wirklichkeit eine Fabel ist. Wenn die Menschen nur getreulich die Wirklichkeit beachten und sich nicht täuschen lassen wollten, so würde ihnen das Leben (um es mit etwas, was wir kennen, zu vergleichen) wie ein Zaubermärchen, wie ein Märchen aus »Tausend-undeine Nacht« vorkommen. Wenn wir nur auf *das* unser Augenmerk richteten, was unvermeidlich ist und Existenzberechtigung besitzt, so würden die Straßen von Musik und Poesie widerhallen. Wenn wir ohne Übereilung und weise sind, so erkennen wir, dass nur große und würdige Dinge ewig und absolut sind – dass winzige Sorgen und winzige Freuden nur Schatten der Wirklichkeit darstellen, und dieser Gedanke stimmt froh und stolz. Weil die Menschen ihre Augen schließen und schlafen und sich durch Phantome betrügen lassen, wollen sie überall ihr Leben schematisch – auf rein illusorischer Basis – errichten. Kinder, die Leben *spielen*, begreifen seine wahren Gesetze und Beziehungen klarer als Erwachsene, die es nicht würdig verbringen können, die sich aber wegen ihrer Erfahrungen, d. h. wegen der erlittenen Enttäuschungen, für weiser halten. Ich habe in einem Hindu-Buch gelesen: »Es war einmal ein Königssohn, der war als Kind aus seiner Vaterstadt vertrieben. Ein Einsiedler im Walde zog ihn auf. Er wuchs dort zum Jüngling heran und glaubte, er gehöre zu den Barbaren, mit welchen er lebte. Einer von seines Vaters Abgesandten fand den Jüngling auf und offenbarte ihm seine Herkunft. Er wurde über seinen Irrtum aufgeklärt und hörte, dass er ein Königssohn sei. »So«, fährt der indische Philosoph fort, »verkannte die durch äußere Einflüsse missleitete Seele ihren eigenen Wert, bis ihr durch einen heiligen Lehrer die Wahrheit offenbart wird und sie weiß, daß sie »*bráhman*« ist. Wir Einwohner von Neuengland führen, meines Erachtens, deswegen ein solches Jammerleben, weil unsere Einsicht nicht einmal die Oberfläche der Dinge durchdringt. Uns gilt der *Schein* als *Wirklichkeit*. Wenn ein Mensch durch unsere Stadt wanderte und nur das Wirkliche sähe, wo, glaubt Ihr, würde dann der »Mühlweg« bleiben? Und wenn er uns über das, *was er wirklich sah*, erzählen würde, so würden wir den Ort nach seiner Beschreibung nicht wiedererkennen. Sieh dir ein Versammlungs- oder Gerichtsgebäude, ein Gefängnis oder einen Laden oder ein Wohnhaus an, und sage dann, was solch ein Ding im Licht der

Wahrheit ist – ja, da wird bei Deinem Bericht alles in Stücke auseinanderfallen. Die Menschen glauben, die Wahrheit ist in weiter Ferne, an den Grenzen der Welt hinter dem letzten Stern, vor Adam und nach dem letzten Menschen. Allerdings, in der Ewigkeit liegt etwas Erhabenes und Wahres. Aber all diese Zeiten und Orte und Gelegenheiten sind jetzt und hier. Gott steht in diesem Augenblick im Zenith und wird in der Flucht aller Äonen nicht göttlicher sein. Wir können nur dann Erhabenes und Edles begreifen, wenn wir ohne Unterlass die uns umgebende Wirklichkeit mit allen Fasern aufsaugen. Der Kosmos entspricht immer und gehorsam unsern Vorstellungen. Ob wir langsam oder schnell reisen – der Weg ist uns vorgezeichnet. Das Leben verbringen und das Leben begreifen sei Eines nur. Kein Dichter oder Künstler hatte je einen so schönen Gedanken, dass ihn die Nachwelt nicht hätte ausführen können.

Lasst uns danach streben, bisweilen einen Tag unsres Lebens mit derselben Überlegung zu verbringen wie die Natur und nicht durch jede Nussschale oder durch einen Mückenflügel, der auf unserm Pfade liegt, aus dem Geleise gebracht zu werden. Wir wollen früh aufstehen und fasten, oder frühstücken ruhig und ohne Störung. Besucher mögen kommen, Besucher mögen gehen, die Glocken mögen läuten und die Kinder schreien – wir wollen gern auf solche Weise den Tag verleben. Warum sollen wir die Waffen strecken und mit dem Strome schwimmen? Lasst uns nicht untergehen und ertrinken in jenem schrecklichen Strudel, in jener Untiefe zur Mittagszeit, die man *diner* nennt! Entreiße dich dieser Gefahr, und du bist gerettet, denn der übrige Weg geht hernach bergab! Mit Nerven von Stahl und mit der Kraft der Jugend fahre an dieser Klippe vorbei, sieh nach der andern Seite, an den Mast gebunden wie Odysseus. Wenn die Lokomotive pfeift, lass sie pfeifen, bis sie heiser wird. Wenn die Glocke tönt, warum sollen wir laufen? Wir wollen lieber darüber nachdenken, was das eigentlich für eine Musik ist. Wir wollen mit uns selber ins Reine kommen, uns mutig einen Weg bahnen durch den Dreck und Kot der Meinungen, der Vorurteile und der Tradition, der Täuschung und des Scheins, durch jene Schlammschicht, die den Erdball bedeckt, durch Paris und London, New York, Boston und Concord, durch Kirche und Staat, durch Poesie, Philosophie und Religion, bis wir auf hartem, felsigem Grund an einen Ort gelangen, den wir *Wirklichkeit* nennen und von dem wir sagen können: »Das ist, und ein Irrtum ist ausgeschlossen.« Und erst dann, wenn wir einen *point d'appui* unter Wasser, Eis und Feuer gefunden haben, einen Ort, wo wir eine Mauer von Stein oder einen Staat errichten, ein Leuchtfeuer anbringen oder einen Pegel verankern können – kein Kilometer, sondern ein Realometer, damit künftige Zeiten erkennen, wie hoch die Wellen des Betruges und Scheines gingen – , erst dann wollen wir unser Werk beginnen. Wenn du eine Tatsache mit nacktem Auge scharf betrachtest, so wirst du erkennen, dass die Sonne an ihren beiden Oberflächen leuchtet, wie ein Türkenschwert. Du fühlst, wie die holde Schneide dir durch Mark und Herz dringt, und glücklich wirst du dein Leben beschließen. Sei es Leben oder Tod – wir hungern nach Wahrheit. Wenn es wirklich zum Sterben geht, so lasst uns das Röcheln in unsrer Kehle hören, lasst uns die Kälte in unsern Gliedern fühlen. Wenn wir aber leben, so wollen wir unsre Pflicht tun.

Die Zeit ist nur ein Strom, in dem ich fische. Ich trinke aus ihm, doch während ich trinke, sehe ich den sandigen Grund und entdecke, wie flach der Strom ist. Seine schwachen Wellen fließen dahin, doch die Ewigkeit bleibt. Ich will einen tiefen Trunk tun. Ich will im Himmel fischen, dort liegen Sterne als Kiesel am Grund. Ich kann nicht bis eins zählen. Ich kenne nicht den ersten Buchstaben des Alphabets. Immer hat es mich betrübt, dass ich nicht so weise war wie der Tag, der mich gebar. Der Geist ist ein Beil. Mit schneidender Schärfe bahnt er sich Weg in das Geheimnis der Dinge. Meine Hände sollen nicht mehr arbeiten, als unbedingt notwendig ist. Mein Kopf ist Hand und Fuß zugleich. Ich fühle es: Dort ruhen meine reichsten Kräfte. Mein Instinkt sagt mir, dass mein Kopf, wie bei manchem Tier Schnauze oder Vorderpfoten, ein Organ zum Bohren ist. Mit ihm möchte ich meinen Weg durch diese Hügel bohren und graben. Ich bin überzeugt, die reichste Ader ist irgendwo hier in der Nähe! Das weiß ich durch meine Wünschelrute und leicht wallende Nebeldünste. Hier will ich mit dem Bergbau beginnen.

Sandra Cisneros

Darius und die Wolken

Man kann nie zu viel Himmel haben. Du kannst einschlafen und himmeltrunken aufwachen, und der Himmel kann dir Geborgenheit geben, wenn du traurig bist. Hier bei uns gibt es zu viel Traurigkeit und nicht genug Himmel. Auch Schmetterlinge sind selten, genau wie Blumen und die meisten Dinge, die schön sind. Trotzdem nehmen wir, was wir kriegen können, und machen das Beste draus.

Darius, der ungern zur Schule geht, der manchmal bescheuert und meistens albern ist, hat heute etwas Gescheites gesagt, obwohl er an den meisten Tagen gar nichts sagt. Darius, der Mädchen mit Feuerwerksböllern nachjagt oder mit einem Stock, mit dem er vorher eine Ratte berührt hat, und glaubt, dass er ein Macker ist, zeigte heute in den Himmel, weil die Welt voller Wolken war, und zwar solchen Wolken, die wie Kissen aus-schauen.

Seht ihr die Wolke da, die dicke Wolke da?, fragte Darius, seht ihr die? Wo? Die eine da neben der, die wie Popcorn aussieht. Die da drüben. Seht ihr die?

Das ist Gott, sagte Darius. Gott?, fragte irgendeine von den Kleinen. Gott, sagte er, und es war ganz einfach zu kapieren.

Theodor Storm

Ein grünes Blatt

Ein Blatt aus sommerlichen Tagen,
Ich nahm es so im Wandern mit,
Auf dass es einst mir möge sagen,
Wie laut die Nachtigall geschlagen,
Wie grün der Wald, den ich durchschritt.

Jamaica Kincaid

Der Garten, der mir vorschwebt

Ich kenne mich mit Gärtnern aus (zumindest bilde ich mir das ein, denn ich bin selbst Gärtnerin, nur erlebe ich das Gärtnern als ein Werk schierer Vergeblichkeit). Ich kenne ihre Launenhaftigkeit, ich kenne ihre Schwäche, sich für den eigenen Garten etwas zu wünschen, was sie noch nie gesehen oder besessen haben oder dessen sie in einem Garten (bei Freunden) ansichtig wurden, etwas, was sie nicht haben, aber gern hätten (obgleich ihre Begehrlichkeit und ihr Neid – ja, das vor allem: ihr Neid – sich auf den ganzen Garten richtet, aber um das zu tarnen, kaprizieren sie sich auf eine einzige Pflanze: den Stachelmohn, das chinesische Riesenschilf, die unglaublich dicken weißen, lila, schwarzen, rosaroten Blüten oder die Christrosen, die aus der kalten, nassen, braunen Erde hervorkommen).

Ich wäre nicht überrascht, wenn jeder Gärtner, auf die Frage, was er gern hätte oder worum er andere beneidet, etwas nennen könnte. Gärtner haben in dem Augenblick, in dem man sie in der Realität der Rabatten, die sie pflegen, in dem von ihnen im Garten beanspruchten Raum in ein Gespräch verwickelt, immer etwas, woran ihr Herz besonders hängt, eine spezielle Vorliebe für dieses oder jenes, und nichts von dem, was sie gerade vor sich haben (die Rabatten, die sie pflegen, der Raum, den sie beanspruchen), ist ihnen ein Ärgernis, denn sonst wäre es ja nicht da. Sie können nur lieben, und sie lieben nur für den Augenblick; ist er vorbei, lieben sie die Erinnerung daran, die Erinnerung an eine bestimmte Blume, eine bestimmte Blüte, von der sie sich schon entfernt haben, von der sie weitergezogen sind zu Dingen, die anders sind und vorzugsweise von weither kommen, aus fernen Orten, an denen sie selbst nie leben, wo sie selbst nie gärtnern würden (beispielsweise im Himalaja).

Zu dem Positiven am Erdulden der Kindheit (denn sie ist etwas, was man erdulden muss, auch wenn wir sie noch so schön finden, auch wenn sie noch so erfreulich war) gehört zweifellos ein Garten und der Wunsch, selbst zu gärtnern. Die Großmutter eines Gärtners oder einer Gärtnerin hat die und die Rose gezogen, und der Duft dieser Rose in der Dämmerung (denn Blumen verströmen ihren Wohlgeruch besonders stark gegen Ende des Tages, als sei das ihre letzte Tat vor dem Schlafengehen), in jenen Jahren, als der Gärtner, die Gärtnerin ein

Kind war und der Großmutter bei der Gartenarbeit an den Rockschößen hing – die Erinnerung an den Duft dieser Rose zusammen mit der Erinnerung an den Duft von Großmutters Rock wird das Leben des Gärtners, der Gärtnerin für immer durchdringen und prägen, im Garten und darüber hinaus. Wenn man mit so einem Menschen (einem gärtnernden Menschen) spricht, äußert er sich ungefähr so: »Als ich so und so alt war, ging ich auf den Markt, aus einem Grund, der mich an sich nicht mehr interessiert, aber dort habe ich zum ersten Mal etwas gesehen, das ich nie vergessen werde …«, und der Mensch, der diesen Satz, diesen Gedanken äußert, steht vor einem, entblößt und zitternd, ganz Gefühl, ganz Erinnerung. Die Erinnerung ist die eigentliche Palette des Gärtners, die Vergangenheit heraufbeschwört, Gegenwart gestaltet, Zukunft diktiert.

Meconopsis betonicifolia, der Tibet-Scheinmohn, wollte bei mir nie gedeihen (da sitzt sie, die grüne Blattrosette, schaut mich an und weigert sich zu blühen. Ich mache böse Miene zum bösen Spiel), aber das Bild dieser Blume, das vor meinem inneren Auge steht, ein Bild, das sich zusammensetzt aus Erinnerung (ich habe sie vor einiger Zeit gesehen) und »Demnächst« (der Zukunft, will sagen, dem Gegenteil von Erinnerung), ist so intensiv, dass nichts, was sich zwischen mir und ihr abspielt, dem Bild, das ich von ihr habe (der erinnerten Vergangenheit, der demnächstigen Vergangenheit), je gerecht werden könnte. Zum ersten Mal habe ich den Tibet-Scheinmohn in Wayne Winterrowds Garten gesehen (den er mit Joe Eck – auch er eine Gartengröße – betreibt), und ich werde diese Pflanze (blühend oder nicht, wild wachsend oder kultiviert) nie wieder sehen können, ohne an ihn (besser an sie, an ihn und Joe Eck) zu denken und mir zu sagen: Sie wird nie wieder so aussehen wie in diesem Garten, denn dort war der Tibet-Scheinmohn ganz er selbst und unvergleichlich (was immer das in diesem Augenblick bedeutet, was immer es später einmal bedeuten mag), und ich werde ihn immer so sehen wollen, wie er glücklich und zufrieden in den Bergen von Vermont stand, weit weg von dem Ort, wo er zu Hause ist, weit weg von dem Ort, an dem er eine Selbstverständlichkeit war, unbemerkt und mit seinen eigenwilligen Vermehrungsgewohnheiten (mehrjährig, zweijährig, monokarpisch oder gar nicht).

Ich ging das Thema Garten zunächst ganz praktisch an mit der Vorstellung von einem richtigen Anfang und einem richtigen Ende, mit der Frage, wo dies zu bekommen, wie jenes zu ziehen sei. Zu bekommen war alles in der Nähe, zu einer Gärtnerei war es nie weit; für die richtige Anzucht und Pflege erstand ich erst einmal viele, viele Bücher, die alle die gleichen Ratschläge enthielten (liebt Schat-

217

ten, verträgt keinen Kalk, muss gestützt werden). Später nahm ich, wenn ich wissen wollte, wie man dies oder jenes zieht, lieber Anschauungsunterricht in den Gärten anderer Leute, die ihr Wissen vermutlich mehr oder weniger auf die gleiche Weise erworben hatten – indem sie sich fleißig in fremden Gärten umsahen.

Aber wir, die wir unseres Nachbarn Garten begehren, müssen uns irgendwann wieder dem eigenen zuwenden, mit all seinen Höhen und Tiefen, Freuden und Enttäuschungen. Wir kommen zu ihm wie blind und mit einem Wirrwarr von Gefühlen, die auszudrücken (so empfinde zumindest ich es) bloße Worte nicht genügen, denn mit Worten lässt sich nicht erklären, warum man eine Pflanze besonders liebt (weil sie ist, wie sie ist, weil sie Feuchtigkeit liebt oder Trockenheit, weil sie den Menschen, der sie vor Augen hat, an eine Welle oder einen Wasserfall erinnert oder an ein Ereignis, dem eine sehr persönliche Erfahrung zugrunde liegt – wie damals, als meine Mutter mir etwas nicht erlaubte, das ich mir sehr gewünscht hatte, und ich in all meinem Jammer sah, dass der Frangipanibaum blühte).

Ich werde nie den Garten haben, der mir vorschwebt, aber gerade das ist für mich das Schöne daran. Manche Wünsche sind unerfüllbar; umso wichtiger ist es, an ihnen festzuhalten. Ein Garten, und sei er noch so schön, darf einen nie ganz zufriedenstellen. Schließlich hat die Welt, wie wir sie kennen, ihren Anfang in einem sehr guten, in einem durchaus zufriedenstellenden Garten, dem Paradiesgarten, genommen, aber es dauerte nicht lange, da verlangten Besitzer und Bewohner nach mehr.

Christian Morgenstern

Der Hügel

Wie wundersam ist doch ein Hügel,
der sich ans Herz der Sonne legt,
indes des Winds gehalt'ner Flügel
des Gipfels Gräser leicht bewegt.

Mit bunten Faltertanz durchwebt sich,
von wilden Bienen singt die Luft
und aus der warmen Erde hebt sich
ein süßer hingegeb'ner Duft.

Hugo von Hofmannsthal

Das Glück am Weg

Ich saß auf einem verlassenen Fleck des Hinter-
decks auf einem dicken, zwischen zwei Pflöcken
hin- und hergewundenen Tau und schaute zurück.
Rückwärts war in milchigem, opalinem Duft die
Riviera versunken, die gelblichen Böschungen,
über die der gezerrte Schatten der schwarzen Pal-
men fällt, und die weißen, flachen Häuser, die in
unsäglichem Dickicht rankender Rosen einsinken.
Das alles sah ich jetzt scharf und springend, weil
es verschwunden war, und glaubte, den feinen
Duft zu spüren, den doppelten Duft der süßen Ro-
sen und des sandigen, salzigen Strandes. Aber der
Wind ging ja landwärts, schwärzlich rieselnd lief er
über die glatte, weinfarbene Fläche landwärts. So
war es wohl nur Täuschung, dass ich den Duft zu
spüren glaubte. Dann sprangen dort, wo golden
der breite Sonnenstreifen auf dem Wasser lag, drei
Delfine auf und sprudelten sprühendes Gold und
spielten gravitätisch und haschten sich heftig rau-
schend und tauchten plötzlich wieder unter. Leer
lag der Fleck und wurde wieder glatt und blinkte.

Jetzt hätte es dort aufrauschen müssen, und wie der wühlende Maulwurf weiche Erdwellen aufwerfend den Kopf aus den Schollen hebt, so hätten sich die triefenden Mähnen und rosigen Nüstern der scheckigen Pferde herausheben müssen, und die weißen Hände, Arme und Schultern der Nereiden, ihr flutendes Haar und die zackigen, dröhnenden Hörner der Tritonen. Und in der Hand die rotseidenen Zügel, an denen grüner Seetang hängt und tropfende Algen, müsste er im Muschelwagen stehen, Neptun, kein langweiliger, schwarzbärtiger Gott, wie sie ihn zu Meißen aus Porzellan machen, sondern unheimlich und reizend, wie das Meer selbst, mit weicher Anmut, frauenhaften Zügen und Lippen rot, wie eine giftig rote Blume ...

Über das leere, glänzende Meer lief schwärzlich rieselnd der leise Wind. Am Horizont, nicht ganz dort, wo in der kommenden Nacht wie ein schwarzblauer Streif der bergige Wall von Korsika auftauchen sollte, stand ein winziger schwarzer Fleck.

Nach einer Stunde war das Schiff recht nahe gegen unseres gekommen. Es war eine Jacht, die offenbar nach Toulon fuhr. Wir mussten sie fast streifen. Mit guten Augen unterschied man schon recht deutlich die Maste und Rahen, ja sogar die Vergoldung, dort, wo der Name des Schiffes stand. Ich wechselte meinen Platz, trug meinen englischen Roman ins Lesezimmer zurück und holte mein

Fernglas. Es war ein sehr gutes Glas. Es brachte mir einen bestimmten runden Fleck des fremden Schiffes ganz nahe, fast unheimlich nahe. Es war, wie wenn man durchs Fenster in ein ebenerdiges Zimmer schaut, worin sich Menschen bewegen, die man nie gesehen hat und wahrscheinlich nie kennen wird; aber einen Augenblick belauscht man sie ganz in der engen dumpfen Stube, und es ist, als ob man ihnen da unsäglich nahe käme.

Den runden Fleck in meinem Glas begrenzte schwarzes Tauwerk, messingeingefasste Planken, dahinter der tiefblaue Himmel. In der Mitte stand eine Art Feldsessel, auf dem lag, mit geschlossenen Augen, eine blonde junge Dame. Ich sah alles ganz deutlich: den dunklen Polster, in den sich die Absätze der kleinen, lichten Halbschuhe einbohrten, den moosgrünen breiten Gürtel, in dem ein paar halb offene Rosen steckten, rosa Rosen, La-France-Rosen ...

Ob sie schlief?

Schlafende Menschen haben einen eigentümlichen, naiven, schuldlosen, traumhaften Reiz. Sie sehen nie banal und nie unnatürlich aus.

Sie schlief nicht. Sie schlug die Augen auf und bückte sich um ein heruntergefallenes Buch. Ihr Blick lief über mich, und ich wurde verlegen, dass ich sie so anstarrte, aus solcher Nähe; ich senkte das Glas, und dann erst fiel mir ein, dass sie ja weit war, dem freien Auge nichts als ein lichter Punkt zwischen braunen Planken, und mich unmöglich bemerken könne. Ich richtete also wieder das Glas auf sie, und sie sah jetzt wie verträumt gerade vor sich hin. In dem Augenblick wusste ich zwei Dinge: dass sie sehr schön war, und dass ich sie kannte. Aber woher? Es quoll in mir auf, wie etwas Unbestimmtes, Süßes, Liebes und Vergangenes. Ich versuchte es, schärfer zu denken: ein gewisser kleiner Garten, wo ich als Kind gespielt hatte, mit weißen Kieswegen und Begonienbeeten ... aber nein, das war es nicht ... damals musste sie ja auch ein kleines Kind gewesen sein ... ein Theater, eine Loge mit einer alten Frau und zwei Mädchenköpfe, wie biegsame lichte Blumenköpfe hinter dem Zaun ... ein Wagen, im Prater, an einem Frühlingsmorgen ... oder Reiter? ... Und der starke Geruch der taufeuchten Lohe und Kastanienblütenduft und ein gewisses helles Lachen ... aber das war ja jemand anderes Lachen ... ein gewisses Boudoir mit einem kleinen Kamin und einem gewissen hohen Louis-Quinze-Feuerschirm ... alles das tauchte auf und zerging augenblicklich, und in jedem dieser Bilder erschien schattenhaft diese Gestalt da drüben, die ich kannte und nicht kannte, diese schmächtige lichte Gestalt und die blumenhafte müde Lieblichkeit des kleinen Kopfes und darin die faszinierenden, dunkeln, mystischen Augen ... Aber in keinem der Bilder blieb sie stehen,

sie zerrann immer wieder, und das vergebliche Su-
chen wurde unerträglich. Ich kannte sie also nicht.
Der Gedanke verursachte mir ein unerklärliches
Gefühl von Enttäuschung und innerer Leere; es
war mir, als hätte ich das Beste an meinem Leben
versäumt. Dann fiel mir ein: Ja, ich kannte sie, das
heißt, nicht wie man gewöhnlich Menschen kennt,
aber gleichviel, ich hatte hundertmal an sie gedacht,
Hunderte von Malen, Jahre und Jahre hindurch.

Gewisse Musik hatte mir von ihr geredet, ganz
deutlich von ihr, am stärksten Schumann'sche; ge-
wisse Abendstunden auf grünen Veilchenwiesen,
an einem rauschenden kleinen Fluss, darüber der
feuchte, rosige Abend lag; gewisse Blumen, Ane-
monen mit müden Köpfchen ... gewisse seltsame
Stellen in den Werken der Dichter, wo man auf-
sieht und den Kopf in die Hand stützt und auf
einmal vor dem inneren Aug' die goldenen Tore
des Lebens aufgerissen scheinen ... Alles das hatte
von ihr geredet, in alldem war das Phantasma ihres
Wesens gelegen, wie in gläubigen Kindergebeten
das Phantasma des Himmels liegt. Und alle meine
heimlichen Wünsche hatten sie zum heimlichen
Ziel gehabt: In ihrer Gegenwart lag etwas, das al-
lem einen Sinn gab, etwas unsäglich Beruhigendes,
Befriedigendes, Krönendes. Solche Dinge begreift
man nicht: Man weiß sie plötzlich.

Ja, ich wusste noch viel mehr; ich wusste, dass

ich mit ihr eine besondere Sprache reden würde, besonders im Ton und besonders im Stil: Meine Rede wäre leichtsinniger, beflügelter, freier, sie liefe gleichsam nachtwandelnd auf einer schmalen Rampe dahin; aber sie wäre auch eindringlicher, feierlicher, und gewisse seltsame Saitensysteme würden verstärkend mittönen.

Alle diese Dinge dachte ich nicht deutlich, ich schaute sie in einer fliegenden, vagen Bildersprache.

In dem Augenblick war uns das fremde Schiff recht nah, näher würde es wohl kaum kommen.

Ich wusste noch mehr von ihr: Ich wusste ihre Bewegungen, die Haltung ihres Kopfes, das Lächeln, das sie haben würde, wenn ich ihr gewisse Dinge sagte. Wenn sie auf der Terrasse säße, in einer kleinen Strandvilla in Antibes (ganz ohne Grund dachte ich gerade Antibes) und ich käme aus dem Garten und bliebe unter ihr stehen, drei Stufen unter ihr (und mir war, als wüsste ich ganz genau, das würde hundertmal geschehen, ja beinahe, als wäre es schon geschehen ...), dann würde sie mit einer undefinierbaren reizenden kleinen Pose die Schultern wie frierend in die Höhe ziehen und mich mit ihren mystischen Augen ernst und leise spöttisch von oben herab ansehen ...

Es liegt unendlich viel in Bewegungen: Sie sind die komplizierte und fein abgetönte Sprache des Körpers für die komplizierte und feine Gefallsucht der Seele, die eine Art Liebesbedürfnis und eine Art Kunsttrieb ist: Koketterie ist ein sehr plumpes Wort dafür. In dieser kleinen Pose lag für mich eine Unendlichkeit von Dingen ausgedrückt: eine ganz bestimmte Art, ernsthaft, zufrieden und in Schönheit glücklich zu sein; ganz bestimmte graziöse, freie, wohltuende Lebensverhältnisse und vor allem mein Glück lag darin ausgedrückt, die Bürgschaft meines tiefen, stillen, fraglosen Glückes. Alle diese Gedanken waren ohne Sentimentalität, mit einer sicheren, ruhigen Anmut erfüllt. Dabei sah ich ununterbrochen hinüber. Sie war aufgestanden und sah gerade zu uns her. Und da war mir, als ob sie leise, mit unmerklichem Lächeln den Kopf schüttelte. Gleich darauf bemerkte ich mit einer Art stumpfer Betäubung, dass die Schiffe schon wieder anfingen, sich leise voneinander zu entfernen. Ich empfand das nicht als etwas Selbstverständliches, auch nicht als eine schmerzliche Überraschung, es war einfach, als glitte dort mein Leben selbst weg, alles Sein und alle Erinnerung, und zöge langsam, lautlos gleitend seine tiefen, langen Wurzeln aus meiner schwindelnden Seele, nichts zurücklassend als unendliche, blöde Leere. Mir war, als fühlte ich fröstelnd, wie durch diese Leere ein Lufthauch lief. Stumpf, gedankenlos aufmerksam sah ich zu, wie sich zwischen sie und mich ein leerer, reinlicher, emailblauer, glänzender Wasserstreifen legte, der immer breiter wurde: In hilfloser Angst sah ich ihr nach, wie sie mit langsamen Schritten schlank und biegsam eine kleine Treppe hinabstieg, wie Ruck auf Ruck in der Luke der grüne Gürtel verschwand, dann die feinen Schultern und dann das dunkelgoldene Haar. Dann war nichts mehr von ihr da, nichts. Für mich war es, als hätte man sie in einen schmalen kleinen Schacht gelegt und darüber einen schweren Stein und darauf Rasen. Als hätte man sie zu den Toten gelegt, ja, gar nichts konnte sie mehr für mich sein. Wie ich so hinstarrte auf das schwindende Schiff, das sich ein wenig gedreht hatte, kehrte sich mir unter Bord etwas Blinkendes zu. Es waren vergoldete Genien, goldene, an das Schiff geschmiedete Geister, die trugen auf einem Schild in blinkenden Buchstaben den Namen des Schiffes: »La Fortune« ...

Franz Hessel

An die Vergessene

Unsere Landschaft damals weiß ich noch ein wenig, die schmalen Pfade zwischen Krautgärten und weiter bergauf zwischen Weizen und Korn. Die Hügel über uns waren meist halb im Wolkenschatten und halb beglänzt. Und wenn wir nah beim Steinbruch am Waldrand auf abfallender Wiese unter verwildernden Ähren lagen und ihre Spitzen rötlich blond in blasse Abendluft ragten, war über unsern spielenden Händen ein weißes unkörperliches Wehen und Flimmern, das immer wieder den suchenden entwich.

So reich waren diese Tage. Man konnte am Eingang des Wäldchens, wenn man die ersten Baumwurzeln unter der Sohle spürte, das Gefühl haben, ganz verbraucht zu sein, und gleich darauf bei der ersten Lichtung war man wieder voll Lust und Verwunderung.

Die Blumenkronen leuchteten stärker nach dem Regen. Aber deine Augen, dein Haar hab ich vergessen. Ich weiß genau die Wasserlachen des Weges, wir mussten beide auf den hohen Rillen der

Wagenfurchen gehn, und zwischen uns die kleine Breite war eine Unendlichkeit. Sehr müde warst du dann, saßest im Zimmer eng zwischen Schrank und Kamin, beide Arme aufgelehnt; die gelben Blumen mit haarigen Blättern auf deinem Schoß weiß ich noch, aber deine Knie hab ich vergessen. Draußen die untergehende Sonne hatte das fleckige Rot zu sehr abgetrockneter Augen.

Mittags kamen oft die Komödianten in einem Wagen von der Dorfwiese herauf, und einer kündigte die Abendvorstellung an. Und abends gingen wir zu dem Jahrmarktsplatz, sahen das Theaterstück: Ein rotes Tuch war der Hintergrund, davor sang der Schafpelzhirt erst allein, dann kamen zu ihm der lila König und die grüne Prinzess mit der schwierigen Schleppe. Lieber noch war uns vor der Athletenbude im Winkel der bucklige Knabe in rosa Bluse und blauer Samthose.

Ich weiß, wie wir einmal aufwachten von frühem Regenschauer, hinaussahen, und unten auf der Gasse fuhr ein großer Heuwagen, mit zwei Pferden und zwei weißen Ochsen bespannt, oben im Heu lagen zwei wie wir; sie hatte an langem Stecken einen Kranz: die beiden weiß ich noch, uns hab ich vergessen.

Manchmal denk ich an deine Marzipanpantöffelchen, an deinen Schleier mit den großen Tupfen – von dem du sagtest: Dahinter ist es schön und anders –, an dein grünes Kleid mit den dicken Knöpfen, an deine Armreifen aus blauem Achat, an deinen Spieluhrkasten, in dem zu tropfenden Tönen Mühlrad drehte, Bäuerin tanzte, Lamm hüpfte und im Turm die Glocke schwang; nur das Boot auf dem See hinter den Wollebäumen ging nie. Ich weiß noch, wie du sagtest: »Musik im Zimmer nebenan ist wie Vergangenheit.« Mir ist, als wüsst ich noch die Lachfalte an deinem Mund, wenn ich aufhörte, dich zu küssen, und die Weinfalte, wenn ich wieder anfing.

Du warst so besorgt um deine grünen und grauen Vögel, besonders um den kleinen, der immer auf dem Futternapf saß.

Ich bin ergriffen, wenn ich an die ausgetretene Steintreppe in der Gartenmauer deinem Fenster gegenüber denke oder an die tiefliegenden Waschsteine ein Stückchen weiter die Dorfstraße hinunter: Wie waren sie gehöhlt, gemuldet, verbraucht.

Im Garten hinter deinem Zimmer die rotsamtenen Blumen rings um den Brunnen mit dem altertümlichen Brunnenrad, die fühl ich hautnah, dich aber hab ich vergessen. Oder bist du das alles und sonst nichts?

Kurt Tucholsky

Auf der Wiese

Wir lagen auf der Wiese und baumelten mit der Seele.

Der Himmel war weiß gefleckt; wenn man von der Sonne recht schön angebraten war, kam eine Wolke, ein leichter Wind lief daher, und es wurde ein wenig kühl. Ein Hund trottete über das Gras, dahinten.

»Was ist das für einer?«, fragte ich.

»Das ist ein Bulldackel«, sagte die Prinzessin. Und dann ließen wir wieder den Wind über uns hingehen und sagten gar nichts. Das ist schön, mit jemand schweigen zu können.

Selim Özdogan

Jeden Frühling wünsche ich mir das Gleiche

Einen Sommer lang lief es. Einen Sommer lang saßen wir am Fluss, Leute, die gerade vor einer Stunde ihre Arbeit beendet hatten, Leute, die für Prüfungen lernten, Leute, die heute noch kellnern mussten, Dachdecker, Pressesprecher, Filialleiter. Der Exfreund einer Frau, mit der ich um drei Ecken bekannt war, die Freundin einer Freundin von Markus, irgendjemand schleppte immer noch jemand anderen mit, und ich wusste manchmal mehr über die Picknickdecken als über die Leute selbst. Die grüne, blumenbedruckte mit dem riesigen Rotweinfleck, die mit den indisch anmutenden Mustern, auf die ich Wachs gekleckert hatte, die flauschige blaue, auf der ich gerne lag, wenn es abends kühler wurde und die anderen Decken sich schon feucht anfühlten. Ich war fast schon traurig, wenn ich eine frischgewaschene Decke sah, die ihr Gesicht verloren hatte.

Einen Sommer lang lief es. Da war immer jemand, der einen Salat mitgebracht hatte, Würstchen, Brot oder Tomaten, da war immer jemand, der noch mal an den Kiosk fuhr und vorher Bestellungen entgegennahm, aber niemals Geld. Da war immer jemand, der Kerzen mithatte oder Räucherstäbchen, eine Kühlbox, eine Frisbee, da war immer jemand, der trockenes Holz suchte. Es fiel jedem leicht, irgendetwas zu tun. Heute lag man vielleicht auf der faulen Haut, unterhielt sich, nahm, was kam. Und morgen brachte man vier Flaschen Wein mit, einen Gettoblaster und einen Volleyball und kümmerte sich ganz alleine um das Feuer.

Es war immer der eine oder andere Unbekannte dabei, aber man konnte davon aus gehen, dass er ein angenehmer Mensch war – jemand, den man mochte und schätzte, hatte ihn wahrscheinlich mitgebracht. Man konnte nebeneinandersitzen und plaudern mit einer Leichtigkeit, die nicht nur an dieser weichen Luft lag. Es war so herrlich entspannt und einfach, bei gutem Wetter rief man die paar, die man gut kannte, an, und die riefen wiederum andere an, und bald schon lagen fünfzehn, zwanzig Menschen auf Decken am Fluss, tranken und unterhielten sich.

Später fuhr ich mit dem Rad nach Hause und feierte mit jemandem, wie gut es heute wieder gewesen war. Es gab ruhige Abende und Abende voller Gelächter und Bauchweh und Tränen in den Augen. Was zählte, war die Stimmung und dass wir beisammensaßen. Morgens nach dem Duschen hatte ich oft genug das Gefühl, noch nach dem Rauch des Feuers zu riechen, mein Lieblingsgeruch für dieses Jahr.

Einen Sommer lang lief es. Der eine oder andere verschwand für eine Woche oder zwei, Urlaub irgendwo, dann war er wieder da. Einen Sommer lang war alles ganz einfach, und manchmal fragte ich mich, ob wir uns was vormachten oder ob es genau darum ging, Menschen am Fluss, vereint durch Picknickdecken, Gespräche und den Wunsch, die Tage zu genießen.

Was war mit unseren Problemen, mit den Streitigkeiten, mit unseren Wünschen, die uns erdrückten, wenn wir alleine waren. Was war mit den Weckern, die morgens klingelten, mit den unerträglichen Kollegen, mit den Geldsorgen und den heftigen Auseinandersetzungen, mit den Prüfungen und den verblödeten Kunden, was war damit.

Was war mit all denen, die keine Stelle am Fluss hatten und niemand, der Getränke holen ging, und womöglich nicht mal ein Bett oder ein Dach über dem Kopf. Was war mit der ganzen Welt. Wir saßen zusammen, aber es änderte sich nichts, die Erde drehte sich mit der gleichen Geschwindigkeit wie immer. Strahlten wir Frieden aus? Und wenn ja, wohin?

Einen Sommer lang lief es. Wir waren eine Familie. Vielleicht geht es doch darum.

Adam Zagajewski

Ebenfalls *Vita contemplativa*

(Im Zug nach Warschau)

Es kann überall geschehen, manchmal im Zug,
wenn ich nirgendwo bin: Plötzlich öffnet sich
die Tür, und vergessene Gestalten kommen, es
   erscheint
mein kleiner Neffe, den es nicht mehr gibt,
aber jetzt ist er heiter und lacht,
und ein gewisser chinesischer Dichter, der
   die Blätter
der Herbstbäume und die Musik liebte,
Theologiestudenten aus Córdoba, noch ohne
   Bartwuchs,
treten aus dem Nichts heraus und springen sich an
   die Gurgel,
nehmen den Streit um die Attribute Gottes auf,
und das herrliche Leben rauscht wie ein Wasserfall
   im Frühjahr,
bis schließlich aufdringlich das Telefon klingelt,
ein zweites, ein drittes Mal, und diese große
   seltsame Welt

wird plötzlich klein und verschwindet wie eine
  Feldmaus,
die sich bedroht fühlt und sich geschickt
in ihre geheime Wohnung verzieht.

Jean Paul

Aus dem Leben des vergnügten Schulmeisterlein Wutz

Vor dem Aufstehen«, sagt' er, »freu ich mich auf das Frühstück, den ganzen Vormittag aufs Mittagessen, zur Vesperzeit aufs Vesperbrot und abends aufs Nachtbrot – und so hat der Alumnus Wutz sich stets auf etwas zu spitzen.« Trank er tief, so sagt' er: »Das hat meinem Wutz geschmeckt«, und strich sich den Magen. Niesete er, so sagte er: »Helf dir Gott, Wutz!« – Im fieberfrostigen Novemberwetter letzte er sich auf der Gasse mit der Vormalung des warmen Ofens und mit der närrischen Freude, dass er eine Hand um die andre unter seinem Mantel wie zu Hause stecken hatte. War der Tag gar zu toll und windig – es gibt für uns Wichte solche Hatztage, wo die ganze Erde ein Hatzhaus ist und wo die Plagen wie spaßhaft gehende Wasserkünste uns bei jedem Schritte ansprützen und einleuchten –, so war das Meisterlein so pfiffig, dass es sich unter das Wetter hinsetzte und sich nichts darum schor; es war nicht Ergebung, die das *unvermeidliche* Übel aufnimmt, nicht Abhärtung, die das *ungefühlte* trägt, nicht Philosophie, die das *verdünnte* verdauet, oder Religion, die das *be-lohnte* verwindet: sondern der Gedanke ans warme Bett war's. »Abends«, dacht' er, »lieg ich auf alle Fälle, sie mögen mich den ganzen Tag zwicken und hetzen, wie sie wollen, unter meiner warmen Zu-deck und drücke die Nase ruhig ans Kopfkissen, acht Stunden lang.« Und kroch er endlich in der letzten Stunde eines solchen Leidentages unter sein Oberbett: so schüttelte er sich darin, krempte sich mit den Knien bis an den Nabel zusammen und sagte zu sich: »Siehst du, Wutz, es ist doch vorbei.«

Ein andrer Paragraph aus der Wutzischen Kunst, stets fröhlich zu sein, war sein zweiter Pfiff, stets fröhlich aufzuwachen – und um dies zu können, bedient' er sich eines dritten und hob immer vom Tage vorher etwas Angenehmes für den Morgen auf, entweder gebackne Klöße oder ebenso viel äußerst gefährliche Blätter aus dem Robinson, der ihm lieber war als Homer oder auch junge Vögel oder junge Pflanzen, an denen er am Morgen nach-zusehen hatte, wie nachts Federn und Blätter ge-wachsen.

Den dritten und vielleicht durchdachtesten Para-graphen seiner Kunst, fröhlich zu sein, arbeitete er erst aus, da er Sekundaner ward: Er wurde verliebt. –

Rainer Maria Rilke

Guter Tag

Guter Tag. Da prüft man noch:
        was bringt er?
Und wie langsam liest man seine Schrift.
Rascher, reiner, kühner, unbedingter:
oh wie uns die Freude übertrifft.

Ist uns als die Künftigste zuvor,
wendet sich und blickt und macht
    uns schneller,
und wir folgen wie die Vogelsteller,
und das Herz klingt oben bis ins Ohr.

Glück: was rollt das schwer auf
    seinem Rade,
müde, immer wieder unbereit;
aber Freude steht und blüht gerade,
und wir treten an die Jahreszeit.

Antonio Tabucchi

Any where out of the world

Wie die Dinge so laufen. Und was sie lenkt. Ein Nichts. Manchmal beginnt es mit einem Nichts, mit einer Phrase, die sich in dieser riesigen Welt voller Phrasen, Dinge und Gesichter verliert, in einer großen Stadt wie dieser, mit ihren Plätzen, der U-Bahn, den Menschen, die aus den Büros hasten, den Straßenbahnen, den Autos, den Parks, und dann der ruhige Fluss, auf dem in der Dämmerung die Schiffe in Richtung Mündung gleiten, dort, wo sich die Stadt nach unten hin zu einer winkeligen weißen Vorstadt ausdehnt, mit großen leeren Pfützen zwischen den Häusern wie dunkle Augenhöhlen, einer spärlichen Vegetation und kleinen schmutzigen Cafés, winzigen Restaurants, wo man im Stehen isst und die Lichter am Horizont beobachten kann, oder an einem der roten, ein wenig verrosteten Eisentischchen sitzen, die auf dem Gehsteig klappern, und dann die Kellner mit müden Gesichtern und fleckigen, weißen Kitteln. Manchmal laufe ich in dieser Gegend herum, am Abend, nehme eine Straßenbahn, die langsam

die Avenida und die Gässchen der tiefgelegenen
Stadtteile hinunterfährt, in die Uferpromenade
einbiegt, wo sie mit den Schleppkähnen ein altes
Wettrennen zwischen Asthmatikern aufzunehmen
scheint, die neben ihr, jenseits der Brüstung, da-
hingleiten, so nahe, dass man sie mit der Hand
berühren könnte. Alte Telefonkabinen stehen da,
noch aus Holz, und manchmal steht jemand darin:
eine alte Frau, der man den früheren Wohlstand
ansieht, ein Eisenbahner, ein Matrose, und ich
denke: Mit wem mag er wohl sprechen? Dann
macht die Tram eine Runde über den Platz des
Marinemuseums, es ist ein kleines Plätzchen mit
dreihundertjährigen Palmen und Steinbänken, hin
und wieder spielen ein paar arme Kinder hier die
Spiele armer Kinder, wie in meiner Kindheit: Sie
machen Seilspringen oder hüpfen in mit Kreide
auf den Boden gezeichnete Kästchen. Ich steige
aus und beginne mit den Händen in der Tasche
meinen Spaziergang, mein Herz klopft, ich weiß
nicht, warum, vielleicht wegen dieser einfachen
Musik, die aus dem Café dringt, es muss ein altes
Grammophon sein, es spielt abwechselnd einen
Walzer in F-Dur und einen Fado auf Ziehharmo-
nika, und ich denke: Ich bin hier, und niemand
kennt mich, ich bin ein anonymes Gesicht in einer
Menge von anonymen Gesichtern, genauso wie
hier könnte ich woanders sein, es ist dasselbe, und

das entzündet in mir eine brennende Sehnsucht, gibt mir das Gefühl einer schönen und überflüssigen Freiheit, wie eine nicht erwiderte Liebe. Und dann denke ich auch: Niemand weiß es, niemand ahnt es, niemand verdächtigt mich, ich bin hier, ich bin frei; wenn ich will, kann ich mir sogar vorstellen, nichts sei geschehen. Ich betrachte mich in einem Schaufenster. Sehe ich vielleicht aus wie jemand, der sich etwas hat zuschulden kommen lassen? Ich richte mir den Knoten der Krawatte, streiche mir die Haare zurück. Ich sehe gut aus, vielleicht ein wenig müde, vielleicht ein wenig traurig, für die anderen einer, der sein Leben gelebt hat, aber kein besonderes, ein x-beliebiges Leben, mit guten und mit schlechten Seiten, und das hinterlässt Spuren, wie in jedem anderen Gesicht auch. Aber ansonsten sieht man nichts. Und auch das gibt mir das Gefühl einer schönen und überflüssigen Freiheit, wie wenn man sich lange etwas vorgenommen und es endlich getan hat. Und jetzt, was tun? Nichts, nichts tun. Setz dich in dieses Café, an diesen Tisch, streck die Beine aus; bringen Sie mir bitte eine Orangenlimonade und ein paar Mandeln, danke, schlag die Zeitung auf, du hast sie aus reiner Apathie gekauft, die Nachrichten interessieren dich nicht, Sporting hat im Kampf um den Meisterpokal gegen Real Madrid unentschieden gespielt, der Preis der Krustentiere steigt, die Regierungskrise scheint abgewehrt, der Bürgermeister hat den Flächenbebauungsplan bewilligt, in dessen Rahmen eine Fußgängerzone für das historische Zentrum vorgesehen ist; man wird zwischen diese und jene Straße Blumentöpfe stellen und aus diesem Teil der Stadt eine Oase zum Spazierengehen und Einkaufen machen; im Norden des Landes ist ein Bus in einen Laden an einer Straßenecke gefahren, dem Fahrer war schlecht geworden, er starb sofort, nicht durch den Aufprall, sondern am Herzinfarkt; sonst sind keine Opfer zu beklagen, nur enorme Sachschäden, der Laden wurde völlig zerstört, es war ein Laden für Bonbonnieren und sonstige Artikel für Hochzeiten und Kommunionen. Du überfliegst die Arbeitsmarktanzeigen, ohne besonderes Interesse, denn das Sprachinstitut zahlt gut, und dann bietet es auch den Vorteil der Arbeitszeit: nur fünf Stunden am Tag, zwei Schritte von zu Hause entfernt, und der Rest der Zeit gehört dir, du kannst spazieren gehen, lesen, schreiben, was du immer schon gern getan hast, oder ins Kino gehen: die Filme der fünfziger Jahre, deine Leidenschaft; du könntest auch Privatstunden geben, wie einige deiner Kollegen, du müsstest nur lustlose Kinder aus guter Familie in Kauf nehmen, aber immerhin gegen Bezahlung. Wir werden sehen, man weiß ja nie: hin und wieder. Unternehmen Nahrungsmittelsektor sucht Vertreter mit ausgezeichneten Französisch- und Englischkenntnissen, Büro im Zentrum, Bewerbungen an Postfach 199. Schweizer Pharmaziebetrieb eröffnet Zweigstelle in der Stadt, perfekte Deutschkenntnisse, Bewerber mit abgeschlossenem Chemiestudium werden bevorzugt. Export-Import Europa–Lateinamerika, Englisch- und Spanischkenntnisse Voraussetzung, Erfahrung in Buchhaltung erforderlich. Schifffahrtsunternehmen, Linie Bangkok–Hongkong–Macao, Warenkontrolle und -auslieferung, Bereitschaft zu häufigem Ortswechsel. Ins Kino. Warum auch nicht, morgen ist dein freier Tag, du kannst dir erlauben, länger auszubleiben. Auch die Mitternachtsvorstellung. Zuerst ein kleiner Imbiss an der Mündung, im Porto de Santa Maria, nur süßsaure Krebse und Reis auf Kantonart; es gibt ein John Ford Festival, köstlich, du kannst dir alles noch einmal ansehen: The Horse Soldiers, ein wenig langweilig, Rio Grande, A Yellow Ribbon. Die Alternative dazu ist die französische Retrospektive, langsame Szenen und Intellektuelle mit Schal, und dann die Komplikationen der Duras, nein, uninteressant. Irgendwo läuft Casablanca, Kino Alpha, nie gehört, das muss am Ende der Welt sein, unbekannte Straße. Aber was macht Ingrid Bergman, wenn sie in Lissabon ankommt und auf der Leinwand The End erscheint? Man müsste die Story weiterführen, hat ein Journalist geschrieben, ich kenne ihn, er ist in meinem Alter, schwarzer Schnurrbart und lebhafte Augen, er schreibt auch hervorragende Erzählungen. Aber du bist müde – vielleicht. Das kommt wohl von der feuchten Luft. Manchmal ist der Atlantik so, er bringt einen dichten Nebel, der dir in die Poren dringt und sie verstopft, und deine Beine fühlen sich an wie zwei Stücke Holz. Bringen Sie mir noch eine Orangenlimonade und ein paar Mandeln. Die Capitolgalerie legt Duke Jordan neu auf, eine Aufnahme von 1964, du erinnerst dich ganz genau, *Sultry Eve* und *Kiss of Spain,* Paris, neunzehnhundertvierundsechzig, Brötchen und eine Eiseskälte, sie war noch lange nicht da, sie lag noch in weiter Zukunft. Und dann die persönlichen Anzeigen: Sie sind am interessantesten, die Menschen geben sich preis, indem sie sich kläglich hinter Euphemismen verstecken. Ach, der Schleier der Worte, was für ein Jammer. Witwe, ernsthaft, sucht dauerhafte Freundschaft. Drei Sonderanzeigen mit unentzifferbaren Abkürzungen in Großbuchstaben. Ein Pensionist, der sich vor Einsamkeit verzehrt. Die übliche Agentur für gelungene Verbindungen: Warum wenden Sie sich nicht an uns, um den Partner Ihres Herzens zu finden? Und dann, plötzlich, beginnt dir das Herz wie wild zu schlagen, tum tum tum, du spürst es im Hals, du glaubst, selbst die Gäste an den anderen Tischen könnten es hören, die Welt verliert ihre Umrisse, alles versinkt in einer stumpfen Trübheit, alles verlischt: Lichter, Lärm, Rauschen; es ist, als hätte ein unnatürliches und unendliches Schweigen die Welt gelähmt; sieh dir den Satz noch einmal an, lies ihn noch einmal, du hast einen eigenartigen Geschmack im Mund, das ist unmöglich, denkst du, das ist ein schrecklicher Zufall; und dann wägst du das Wort »schrecklich« ab und denkst: Es ist nur ein Zufall, nur eine Koinzidenz, eine kleine Koinzidenz von tausend Koinzidenzen auf dieser Welt, etwas, was passiert. Aber warum passiert es dir? Das fragst du dich: und warum hier, an diesem Tisch, an diesem Ort, in dieser Zeitung? Das ist nicht möglich, denkst du, dieser Satz steht am falschen Platz: eine nicht eingeschmolzene Satzform, die in der Druckerei liegengeblieben ist, begraben unter anderen Satzformen, die ein unaufmerksamer Drucker irrtümlich hervorgezogen und unter die Anzeigen gesetzt hat; zu dieser Schlussfolgerung kommst du, und auch zu anderen, noch absurderen Schlussfolgerungen: Sie haben mir eine alte Zeitung gegeben, denkst du, ich habe irrtümlicherweise eine vier Jahre alte Zeitung gekauft, der Kleine am Kiosk hatte die Zeitung unter dem Ladentisch, er hat bemerkt, dass ich zerstreut bin, und beschloss, mir eine alte Zeitung zu verkaufen, ein kleiner, dummer Betrug, verlier nicht die Ruhe. Du faltest die Zeitung, um das Datum auf dem Titelblatt zu lesen, und für die etwas peinliche Unbeholfenheit machst du die Meeresbrise verantwortlich, die die Seiten durcheinanderbringt, dich daran hindert, sie ordentlich zu falten; du bist nicht nervös, du bist ganz ruhig, sei ruhig. Es ist die Zeitung von heute, von diesem Heute, das du gerade lebst, dieses Jahres des gregorianischen Kalenders. *Any where out of the world.* Du liest den Satz zum zehnten Mal, das ist keine normale Anzeige, das ist ein heimliches Codewort, eine bezahlte Anzeige in der Abendzeitung, keine Postfächer werden darin erwähnt, keine Adressen, Namen, Firmen, Schulen, nichts. Nur das: *Any where out of the world.* Aber du brauchst auch nicht mehr zu wissen, denn der Satz reißt dich mit sich fort, so wie ein Hochwasser die Ablagerungen mit sich fortreißt, Wortgeröll, das deine Erinnerung klar und deutlich ordnet, mit einer Ruhe, die dich gefrieren lässt: »Cette vie est un hôpital où chaque malade est possédé du désir de changer de lit. Celui-ci voudrait souffrir en face du poêle, et celui-là croit qu'il guérirait à côté de la fenêtre.« Ihre Limonade, mein Herr, die Mandeln sind aus, möchten Sie vielleicht ein paar Pinienkerne? Du machst eine Geste mit der Hand, die weder ja noch nein bedeutet, nur stören soll man dich nicht, denn inzwischen betrachtest du die Küste, die Lichter haben sich für deine Augen und deine Erinnerung aufs Neue entzündet, die Worte kehren zurück, auch sie entzünden sich in deiner Erinnerung, fast siehst du sie glänzen, sie sind kleine Scheinwerfer in der Nacht, sie leuchten in der Ferne, und dennoch könntest du sie fassen, sie fanden Platz in deiner Hand. »Il me semble que je serais toujours bien là où je ne suis pas, et cette question de déménagement en est une que je discute sans cesse avec mon âme.« Du hast das Glas in die Hand genommen und trinkst mit kleinen Schlucken. Du erweckst den Eindruck eines stillen und ein wenig verträumten Gastes, der auf das Wasser und in die Nacht hinausblickt, wie die anderen Gäste an den anderen Tischen auch, du hast die Zeitung gefaltet und sie sorgsam auf den Tisch gelegt, mit dieser übertriebenen und peniblen Sorgfalt, wie sie manchmal Pensionisten eigen ist, die sich die Zeitung vom Friseur ausgeliehen haben und sie ihm zurückgeben müssen, du betrachtest sie mit zerstreuter Gleichgültigkeit, es ist nur eine Zeitung, die heutige Zeitung, die Nachrichten darin sind alt, denn der Tag ist vorbei, und irgendwo arbeitet bereits irgendjemand daran, eine neue Zeitung zu machen, mit Nachrichten, die in wenigen Stunden diese zu Worten geronnenen Nachrichten verdrängen werden, aber für dich bringt sie eine Nachricht, die gleichzeitig alt und brandneu ist, deren Aktualität dich beunruhigt, dich erschüttern würde, sobald du es zuließest, aber du lässt dich nicht erschüttern, du darfst dich nicht erschüttern lassen, bleib ruhig. Und erst jetzt achtest du auf das Datum: 22. September. Und du denkst aufs Neue: Es ist eine Koinzidenz. Aber eine Koinzidenz womit? Eine unmögliche Koinzidenz, denn es gibt noch eine zweite Koinzidenz: Satz und Datum, gleicher Satz und gleiches Datum. Und unaufhaltsam, als besäße er eine Stimme in deiner Erinnerung, fast wie ein lästiger Kinderreim, den du schon vergessen zu haben glaubtest, bloß weil er so weit in der Vergangenheit zurückliegt, der jedoch nicht verschwunden war, sondern sich in einer tiefen Schlucht deines Selbst verborgen hatte, erwacht der Rhythmus dieser Seiten, und auf einmal steht ihre Phrasierung vor dir, beginnt zu tröpfeln, tick tick tick, stößt gegen eine Felswand, mit dumpfem Dröhnen, sucht sich eine Öffnung, wie eine Quelle sprudelnd, bricht durch und über dich herein; eine laue Flüssigkeit, die dich jedoch frösteln lässt, ein starker Strahl, der dich mit sich fortreißt, wirbelnd, es hat keinen Sinn, sich zu wehren, er ist gewaltig, brausend, unaufhaltsam, bricht durch unterirdische Tunnel, bahnt sich gewaltsam seinen Weg, trägt dich mit sich fort. »Dis-moi, mon âme, pauvre âme refroidie, que penserais-tu d'habiter Lisbonne? Il doit y faire chaud, et tu t'y regaillardirais comme un lézard. Cette ville est au bord de l'eau; on dit qu'elle est bâtie en marbre ... Voilà un paysage selon ton goût; un paysage fait avec la lumière et le minéral, et le liquide pour les réfléchir!« Und nun läufst du durch diese marmorne Stadt, schlenderst du die Gebäude aus dem 17. Jahrhundert entlang; diese Arkaden sahen den Handel mit den Kolonien, Fregatten, Menschengewirr und im Morgennebel auslaufende Segelschiffe; deine Schritte verhallen im Leeren, ein alter Clochard lehnt an einer Säule, jenseits der Arkaden öffnet sich der in den Fluss mündende Platz; das trübe Wasser umspült ihn, vom Landungssteg lösen sich die hell erleuchteten Schiffe, die die Ufer miteinander verbinden, binnen kurzem wird die Abendstunde die Eile der letzten Passagiere verschlucken, und nichts wird bleiben außer der stillen Nacht und vagen, verspäteten Passanten, zerstreuten Schlafwandlern, ruhelosen Seelen, die ihre schlaflosen Körper spazieren führen und mit sich selbst sprechen. Auch du sprichst mit dir selbst, zuerst in dir, still, und dann laut, die Worte deutlich artikulierend, als würdest du sie diktieren, als könnte das Wasser des Flusses sie aufnehmen und bei sich behalten, in einem wässrigen Archiv, damit sie der Grund eifersüchtig bewache, zwischen den Kieseln, dem Sand und den Ablagerungen, und du sagst: Die Schuld. Noch nie hast du dieses Wort ausgesprochen, vielleicht weil du nicht den Mut dazu hattest, und dabei ist es ein einfaches, eindeutiges Wort, sein Widerhall im Dunkeln ist klar und deutlich, es scheint ganz in dem Hauch aufzugehen, der sich einen Augenblick lang in der feuchten Luft bildet und dann verschwindet. Du trittst auf den menschenleeren Platz hinaus, das Denkmal ist beeindruckend, und der Reiter hoch oben spornt sein Pferd an zum Ritt in die Nacht. Die Schuld. Du setzt dich auf den Sockel des Denkmals, zündest dir eine Zigarette an, in der Tasche hast du die gefaltete Zeitung, allein sie zu spüren verursacht dir ein feines Unbehagen, wie von einem Nadelstich in den Nacken, von einem Insekt. Es ist unmöglich, niemand weiß, dass ich hier bin, ich habe mich verloren unter den Millionen Gesichtern dieser Welt, das kann keine Botschaft für mich sein, es ist bloß ein Satz, den viele Menschen kennen; ein Leser Baudelaires teilt einem anderen in verschlüsselter Weise ein Geheimnis mit. Und einen Augenblick lang gibst du dich der seltsamen Vorstellung hin, es gäbe eine Wiederholung, ein Spiegelbild des Lebens, als sei es vorstellbar, dass das Schicksalsrad über Stereotype verfügte und sie nach Belieben der Welt aufzwänge, dem Leben an-

derer Menschen, anderer Menschen mit anderen
Augen, anderen Händen und einer anderen Art
des Menschseins, in anderen Straßen, anderen
Zimmern: ein anderer Mann, der jetzt in einem
anderen Zimmer zu einer anderen Frau sagt: »Une
chambre qui ressemble à une rêverie.« Und so be-
schwören deine Phantasien das hell erleuchtete
Fenster eines Zimmers herauf, das dir wie eine
Phantasie vorkommt, und du kannst zu den be-
schlagenen Fensterscheiben treten und durch die
alten Spitzenvorhänge spähen; es ist ein Zimmer
mit antiken Möbeln und verblichenen Tulpentape-
ten an den Wänden; auf dem Bett liegen ein Mann
und eine Frau, ein Liebespaar, wie man an der
Stellung ihrer Körper und dem zerwühlten Lein-
tuch sieht, und er streicht ihr übers Haar und sagt:
»Laisse-moi respirer longtemps l'odeur de tes
cheveux.« In diesem Augenblick schlägt eine
Pendeluhr, es ist spät, sagt sie, ich muss gehen.
Aber du sagst zu ihr: Die Chinesen lesen die Zeit
im Auge der Katzen, es ist noch nicht spät, Isa-
belle, wir haben noch alles vor uns, ich muss dich
erst zum wahren Betrug verführen, aber es ist
nicht meine Schuld, glaube mir, es ist die Schuld
der Dinge, die es so haben wollen, wer weiß, was
die Dinge lenkt, und du musst dich erst zum Be-
trug verführen lassen, und es wird auch nicht
deine Schuld sein, und dann muss ich dich auf

meine Art sterben lassen, es wird fast sein, als ob ich dich umgebracht hätte, aber auch das wird nicht meine Schuld sein, es wird dein schlechtes Gewissen sein, und er wird nichts von meinem Verrat wissen, es genügt eine Anzeige in der Zeitung, irgendein kleiner, geheimer Satz, den nur wir beide kennen, *any where out of the world*, das wird unser Zeichen sein, und es wird geschehen. Aber in Wirklichkeit ist alles schon geschehen, nur weiß das der Mann in diesem Zimmer nicht, und er sagt: Du hast recht, geh nur, ich komme später nach. Du gehst hinaus und stehst wieder auf dem Platz, eine Frau hält ihren Wagen an und macht dir ein kleines Zeichen mit den Scheinwerfern, du schüttelst den Kopf und denkst aufs Neue: Es ist unmöglich, es ist nur ein schicksalhafter Zufall. Aber irgendetwas sagt dir, dass es nicht so ist, die Kälte kriecht dir in die Knochen, und der Frost, den du in dir spürst, ist eine Art Sicherheit, die Uhr der Kathedrale schlägt genauso oft wie die Pendeluhr vor vier Jahren, eine Geschichte wiederholt sich, denkst du aufs Neue, vielleicht sollte ich etwas essen, vielleicht habe ich bloß Hunger und friere. Eine Tram fährt vorbei, aber du hast keine Lust aufzuspringen. Du gehst lieber zu Fuß die steile Straße hinauf, die vom Fluss zum Schloss führt, ausländische Touristen laufen lachend herum, ein Autobus von Cityrama, ein kleines

Restaurant, wo du oft Hühner-*Balchão* isst, der
Besitzer stammt aus Goa und plaudert viel und
gern, vielleicht trinkt er etwas zu viel, er macht
eine ausgezeichnete Soße zum Reis, und manch-
mal hat er Gewürzwein. Zwei amerikanische
Paare essen fröhlich an einem Tisch neben dem
Fenster, über den Tischen hängen Lampenschirme
aus rotschwarz kariertem Stoff, sie verbreiten eine
gemütliche und gleichzeitig intime Atmosphäre,
der Boden ist etwas schmutzig, die eine oder an-
dere nicht aufgehobene Papierserviette liegt zwi-
schen den Tischen, Herr Colva ist heute weniger
gesprächig als sonst, als hätte er zu viele Gäste
bedient. Vielleicht ist das *Balchão* ein wenig zu
scharf, sagt er zu dir, ich bringe Ihnen ein eiskaltes
Bier. Er ist stets aufmerksam, ohne jedoch unter-
würfig zu sein. Dann macht er ein Gesicht wie
jemand, der sich plötzlich an etwas erinnert, und
schlägt sich auf die Stirn, womit er sich entschul-
digen und gleichzeitig seine Zerstreutheit zum
Ausdruck bringen will; er läuft mit kleinen Schrit-
ten zur Theke und kommt lächelnd zurück. Ihre
Zeitung, sagt er und hält dir die Zeitung hin. Du
spürst, wie du blass wirst, und gleichzeitig bricht
dir der Schweiß aus, ein kalter Schweiß, du greifst
dir an die Jacke, die Zeitung ist in der Tasche,
doppelt gefaltet, ein kleines Päckchen an deiner
Hüfte. Du siehst die Zeitung an, die dir Herr

Colva hinhält, ohne sie zu nehmen, er sieht in deinem Gesicht höchstwahrscheinlich nur Überraschung und nicht das Entsetzen, das dir wie eine Kolonne Ameisen von den Fesseln zur Leiste emporkriecht. Man hat sie sicher für Sie abgegeben, sagt er, Sie sind der Einzige in meinem Restaurant, der diese Zeitung liest. Ach ja, antwortest du mit einer Ruhe, die dich erschreckt, und wer? Ich weiß nicht, Chef, mein Sohn hat sie heute Morgen unter der Tür gefunden, sie steckte in einer Binde, natürlich, aber dieser Bengel hat sie aufgerissen, um die Fußballergebnisse zu lesen, wissen Sie schon, dass Sporting gegen Real Madrid unentschieden gespielt hat? Du gibst ihm recht, dass das wirklich ein gutes Ergebnis ist, schade, dass das Match nicht im Fernsehen übertragen wurde, angeblich hätte Sporting den Sieg verdient, wenn da nicht diese Querlatte und die Entscheidung des Schiedsrichters gewesen wäre, sicher, die Entscheidung des Schiedsrichters ist in diesen Fällen ausschlaggebend, auch wenn Real ideale Voraussetzungen hat, die Fans sind geradezu Gentlemen, aber ist er sich wirklich sicher, dass dein Name auf der Binde stand? Er sieht sich verwirrt um, du musst schon entschuldigen, ah, aber diese ungezogene Jugend, zu seiner Zeit war das nicht so, da herrschten andere Sitten, sein Gesicht wird ernst, er verschwindet mit kleinen, flinken Schritten im

Hinterzimmer, vor der Küche befindet sich eine Treppe, die zu seiner Wohnung führt, aber du weißt ohnehin schon, dass auf der Binde kein Name stand, du wirst keine Bestätigung bekommen, aus dem einfachen Grund, weil eine Sache wie diese, für die es keine Erklärung gibt, auch keine Bestätigung haben kann, das ist die Wahrheit, und jetzt beginnst du dir zu überlegen, was es heißt, in einer Sache wie dieser, die da geschieht, wirklich eine Erklärung zu verlangen. Oder eine Erklärung für all das, was geschehen ist: für alles, aber wirklich alles, versuchen wir wirklich eine Erklärung: sie, er, du, und dieses Karussell der Ausflüchte, Aufschübe und Täuschungen, aus denen diese Geschichte bestand. Und jetzt versuchst du, einen Schuldigen zu finden, was das Schlimmste ist, denn das führt zu nichts, wie du bereits seit einiger Zeit weißt, man kann das Leben nicht mit einem moralischen Maßstab messen: Es geschieht. Aber er hatte es nicht verdient. Sicher. Und auch sie wusste, dass er es nicht verdient hatte. Und du wusstest, dass sie wusste, dass er es nicht verdient hatte, aber es war dir egal. Ja, aber warum verdientest du es nicht, bei ihr zu bleiben, du lerntest sie erst später kennen, lange danach, auch das ist die Wahrheit, als die Würfel bereits gefallen waren. Aber welche Würfel? Das Leben hat keine Fristen, es gibt keinen Croupier, der die Hand hebt und verkündet, die Würfel seien gefallen; alles ist in Fluss und nichts steht fest; warum sich aus dem Weg gehen, wenn wir uns gefunden haben, wenn es das wahre Spiel so gewollt hat; dieselben Vorlieben: weiße Villen mit schlanken Palmen oder einer spärlichen, kargen Vegetation: Agaven, Tamarisken, ein Fels; dieselben Leidenschaften: Chopin und schlichte Musik, alte Rumbas, Tiengo el corazon maluco; dieselbe Seele: le spleen de Paris. Weg von hier, von diesem Spleen, suchen wir uns eine weiße Stadt aus Marmor am Rand des Wassers, suchen wir sie gemeinsam, so eine Stadt oder eine andere, ähnliche, es ist egal wo, irgendwo außerhalb der Welt. Ich kann nicht. Du kannst, du brauchst nur zu wollen. Ich bitte dich, zwing mich nicht. Ich lasse dir eine Botschaft zukommen, ich fahre, ich bin bereits abgefahren, ich schaffe es nicht mehr, du kannst mir nachkommen, wenn du willst, kauf die Zeitung, es wird das Zeichen sein, du erfährst darin, wo ich bin, lass alles zurück, niemand wird es wissen. Niemand weiß es, denkst du, während dir Herr Colva von der Tür des Hinterzimmers her bedauernd zuwinkt; es ist egal, Herr Colva, nur ihr beide wusstet es, und der selige Baudelaire. Auch mit ihm hast du gespielt, und mit gewissen Dingen spielt man nicht, man rührt nicht das Geheimnis auf, das sie diktiert. Aber niemand sonst wusste es. Dessen bist du dir sicher. Er ganz bestimmt nicht; und wenn er es auch inzwischen wüsste. Denn alles ist »inzwischen«, und deshalb zittern dir die Hände, während du die Rechnung bezahlst, die Sache hat keinen Sinn. Aber sie hat doch einen Sinn, und auch das weißt du, oder besser, du spürst es. Und du willst es versuchen. Du gehst zum Telefon neben dem Waschbecken, du steckst eine Münze hinein, wählst die tote Nummer. Auch die Nummer ist »inzwischen«, die Telefongesellschaft hat sie nicht weiterverkauft, es gibt keinen Empfänger, die Ziffern senden ein akustisches Signal ins Nichts aus, seit vier Jahren weißt du das nur zu gut. Du wählst langsam die Nummer, hörst, wie es einmal läutet, zweimal, dreimal, dann macht der Hörer: krack, aber niemand meldet sich, du spürst nur eine Anwesenheit, nicht einmal einen Atem hörst du, denn es atmet niemand, am anderen Ende der Leitung ist eine Anwesenheit, die deiner schweigenden Anwesenheit gegenübersteht. Und da legst du auf, gehst auf die Straße hinaus, du denkst nicht einmal daran, nach Hause zurückzugehen, du weißt nur zu gut, dass das Telefon läuten würde, und du würdest es läuten lassen, zweimal, dreimal, und dann würdest du den Hörer nehmen und ihn ans Ohr legen, und am anderen Ende niemand, nur die spürbare Dichte einer Anwesenheit, die schweigend deiner schweigenden Anwesenheit gegenübersteht. Du kommst wieder zum Fluss, die Landungsbrücken sind inzwischen leer, die Schiffe haben den Dienst eingestellt, niemand ist da. Du setzt dich auf die Böschung der Uferpromenade, das Wasser ist trüb und unruhig, vielleicht ist Flut und die Mündung ist blockiert, du weißt, dass es spät ist, aber nicht im Sinne der Uhrzeit, die Zeit rund um dich ist unermesslich, feierlich, groß wie das Weltall: eine unbewegliche Zeit, die nicht auf dem Zifferblatt eingezeichnet ist, und dennoch leicht wie ein Seufzer, rasch wie ein Lidschlag.

Joachim Ringelnatz

Psst!

Träume deine Träume in Ruh.

Wenn du niemandem mehr traust,
Schließe die Türen zu,
Auch deine Fenster,
Damit du nichts mehr schaust.

Sei still in deiner Stille,
Wie wenn dich niemand sieht.
Auch was dann geschieht,
Ist nicht dein Wille.
Und im dunkelsten Schatten
Lies das Buch ohne Wort.

Was wir haben, was wir hatten,
Was wir – –
Eines Morgens ist alles fort.

Nachweis

Balázs, Béla: *Erinnerung.* Aus: Balázs, Béla: *Ein Baedeker der Seele. Und andere Feuilletons aus den Jahren 1920–1926.* Herausgegeben von Hanno Loewy. Verlag Das Arsenal, Berlin 2002.

Boyd, William: *Frau mit Hund am Strand.* Aus: Boyd, William: *Der Mann, der gerne Frauen küsste.* Erzählungen. Aus dem Englischen von Ulrike Thiesmeyer und Heinz Müller. Copyright © 2020 by Kampa Verlag, Zürich.

Brautigan, Richard: *Sekunden.* Aus: Brautigan, Richard: *Die Pille gegen das Grubenunglück von Spring Hill und 104 andere Gedichte.* Aus dem amerikanischen Englisch von Günter Ohnemus. Eichborn Verlag, Frankfurt am Main 1987.

Carver, Raymond: *Hummingbird.* Aus: Carver, Raymond: *Ein neuer Pfad zum Wasserfall.* Gedichte. Aus dem amerikanischen Englisch von Helmut Frielinghaus. Copyright © 2013 by S. Fischer Verlag, Frankfurt am Main.

Cisneros, Sandra: *Darius und die Wolken*. Aus: Cisneros, Sandra: *Das Haus in der Mango Street*. Aus dem amerikanischen Englisch von Gerd Burger. Copyright © 2020 by Kampa Verlag, Zürich.

Collins, Kathleen: *Nur einmal*. Aus: Collins, Kathleen: *Nur einmal*. Storys. Aus dem amerikanischen Englisch von Brigitte Jakobeit und Volker Oldenburg. Copyright © 2018 by Kampa Verlag, Zürich.

Forster, E. M.: *Der Felsen*. Auszug aus: Forster, E. M.: *Der lilafarbene Brief*. Aus dem Englischen von Nils-Henning von Hugo. Copyright © 1993 by nymphenburger in der F. A. Herbig Verlagsbuchhandlug, München.

Grün, Lili: *Die ersten Tage*. Aus: Grün, Lili: *Mädchenhimmel!* Geschichten und Gedichte. Gesammelt, herausgegeben und mit einem Nachwort von Anke Heimberg. AvivA Verlag, Berlin 2014.

Hessel, Franz: *An die Vergessene*. Aus: Hessel, Franz: *Nachfeier*. Das Arsenal, Berlin 1988.

Hofmannsthal, Hugo von: *Das Glück am Weg*. Aus: Hofmannsthal, Hugo von: *Werke*. Fischer Taschenbuch Verlag, Frankfurt am Main 2000.

Rilke, Rainer Maria: *Augenblick, Du musst das Leben nicht verstehen, Guter Tag* und *Wenn es nur einmal so ganz stille wäre*. Aus: Rilke, Rainer Maria: *Gesammelte Werke in fünf Bänden*. Herausgegeben von Manfred Engel, Ulrich Fülleborn, Horst Nalewski und August Stahl. Insel Verlag, Frankfurt am Main 2003.

Ringelnatz, Joachim: *Psst!* Aus: Ringelnatz, Joachim: *Das Gesamtwerk in sieben Bänden*. Diogenes Verlag, Zürich 1994.

Roth, Joseph: *Betrachtungen an einer Straßenecke*. Aus: Roth, Joseph: *Werke*. Herausgegeben von Klaus Westermann. Kiepenheuer & Witsch, Köln 1989–1991.

Saramago, José: *Die Welt ist so schön* (Titel des Herausgebers). Aus: Saramago, José: *Kleine Erinnerungen*. Aus dem Portugiesischen von Marianne Gareis. Copyright © 2016 by Hoffmann und Campe Verlag, Hamburg.

Schertenleib, Hansjörg: *Palast der Stille* (Auszug). Copyright © 2020 by Kampa Verlag, Zürich.

Schulze, Ingo: *Keine Literatur oder Epiphanie am Sonntagabend*. Aus: Schulze, Ingo: *Handy. Drei-*